Ⓢ新潮新書

柴 那典
SHIBA Tomonori

平成のヒット曲

929

新潮社

はじめに

平成とは、どんな時代だったのか――。

本書は、それを30のヒット曲から探る一冊だ。

1989年の美空ひばり「川の流れのように」から、2018年の米津玄師「Lemon」まで。ヒットソングがどのような思いをもとに作られ、それがどんな現象を生み出し、結果として社会に何をもたらしたのか。それを読み解くことで、時代の実像を浮かび上がらせる試みだ。

悲惨な戦争から高度経済成長に至る〝激動の昭和〟に対して、平成という時代の全体像は、どこか茫漠としているように見える。焦土から豊かな生活を目指してがむしゃらに進んでいった戦後史の大きな物語に比べると、どんな価値観が時代を駆動する力学になっていたのか、一言では言い切れないように感じられる。

しかし、30年という時間は、日本という国を、静かに、しかし確実に変えてきた。長い経済停滞を引きずり、沢山のものが失われていく一方で、インターネットを筆頭にした数々のテクノロジーの登場が人々の暮らしを塗り替えていった。多くの人たちを駆り立て縛り付けてきた昭和の常識が、ゆっくりとほどけていった。少しずつ、新たな価値観が根付いていった。

ヒットソングはその変化に寄り添い、あるときは予兆のように響いてきた。本書はそれを点と点をつなぐように紡いでいく物語である。

選んだのは、1年に1曲。語る対象にしたのは、必ずしも、年間ランキングのトップを飾った曲だけではない。特に平成の後半は、ヒットチャートという枠組み自体が瓦解し、世の中からヒットが見えづらくなっていった時代でもある。売上枚数の数字と、その曲が巻き起こした現象の大きさは、決して一致するわけではない。

それでも、一つ一つの歌を紐解いていけば、ヒット曲が「時代を映す鏡」であることが、きっと伝わるのではないかと思っている。

本書では平成という時代を3つの期間に区切っている。

最初の10年は「ミリオンセラーの時代」。それまでの歌謡曲にかわってJ－POPという言葉が生まれ、CDセールスが右肩上がりで拡大していった、音楽産業の黄金期だ。

ドラマ主題歌やCMソングのタイアップがヒットの火付け役になった。通信カラオケのブームと8㎝シングルCD市場の拡大によって、音楽が流行の中心になった。100万枚、200万枚を売り上げるミリオンセラーが相次いだ。90年代初頭にバブルが崩壊し日本経済は不況に向かっていったが、1998年に史上最高の生産金額を記録するまでCDバブルは拡大の一途にあった。

次の10年は「スタンダードソングの時代」。00年代初頭には、SMAP「世界に一つだけの花」とサザンオールスターズ「TSUNAMI」という2つの国民的ヒット曲が生まれている。流行と共に消費されるものから、時代を超えて歌い継がれるものへと、ヒットソングのあり方は徐々に変わっていった。カラオケで歌われる楽曲の傾向の変化はそのことを如実に示していた。

インターネットの普及と配信の登場によって、音楽業界の風向きが大きく変わったのもこの頃だ。栄華は長くは続かなかった。CD市場は徐々に縮小し、00年代後半には音楽不況が誰の目にも顕《あらわ》になっていた。

最後の10年は「ソーシャルの時代」。YouTubeとソーシャルメディアの登場によって、流行を巡る力学は大きく変わった。それまでのマスメディアと違って誰もが情報の発信側に立つことができるようになった。話題が局地的に生じるようになり、参加型のヒットが生まれるようになっていった。

CDの時代はいよいよ終焉を告げようとしていた。10年代前半にはAKB48を筆頭にしたアイドルグループが特典商法を導入し、一人のファンが複数枚を購入することが当たり前になり、楽曲の話題性や知名度とCDセールスの数字が乖離していった。10年代後半にはストリーミングサービスが徐々に主流となり、CDの売上枚数に依拠しないヒットチャートの再構築も進んでいった。

2019年4月、平成という時代は幕を下ろした。

そして、2020年初頭から本格化した新型コロナウイルスのパンデミックは、文字通り世界を一変させてしまった。

音楽産業も大きな打撃を受けた。10年代はライブ市場が拡大し、大規模な演出を用いたコンサートやライブが各地で活況を呈していた時代でもある。しかし、数千人、数万人が一つの場に集まり共に大きな声をあげて歌うようなライブやフェスティバルは、コロナ禍に入ってからの日本では1年半以上にわたって開催されていない。

平成という時代は〝コロナ前〟の記憶と共に、誰にとっても遠い過去のものとなった。

だからこそ、今、その30年を振り返ることで見えてくるものが沢山ある。

ヒットソングが社会の中でどんな役割を果たし、一人ひとりの胸の内にどう根を下ろしていったかを知ることが、現在進行形で大きく変貌を遂げつつある世界のこの先を見通すための手がかりの一つにもなるのではないかと思っている。

歌は世につれ、世は歌につれ――。

改めて、この言葉の意味を実感できるような30曲の物語になっているはずだ。

第一部　ミリオンセラーの時代

――1989（平成元）年〜1998（平成10）年

１．昭和の幕を閉じた曲
——１９８９（平成元）年の「川の流れのように」（美空ひばり）

昭和が終わった翌日に

「平成の我　新海に流れつき　命の歌よ　穏やかに……」

１９８９年１月８日、美空ひばりは、そう詠んだ。

前日に昭和天皇が崩御し、新たな元号が「平成」と決定した。世間は慌ただしく、重苦しい雰囲気に包まれていた。

自粛ムードは、天皇陛下の体調悪化が報じられた前年の秋から続いていた。メディアだけでなく、その影響は市民生活にまで広がった。バラエティ番組は差し替えられ、各地のお祭りや忘年会、新年会も自粛が相次いだ。

崩御から２日間は、テレビは追悼特番とニュースだけの編成となった。ＣＭも中止と

なった。全国の学校には、6日間は服喪にあたって弔旗をかかげ、歌舞音曲を伴う行事を差し控えるよう文部省から通達が出された。コンサートや演劇、寄席なども各地で中止や延期となった。

世の中が大きく動く中、美空ひばりは、まるで一人台風の目の中にいるかのような、泰然とした言葉を残している。

シングル『川の流れのように』が発売されたのは、その3日後の1月11日のことだ。おそらく、美空ひばりは確信していたのだろう。

この歌が人々の記憶に強く焼き付いて残っていく、ということを。「知らず知らず歩いて来た　細く長い　この道」「振り返れば　遥か遠く　故郷が見える」という歌詞が、自身の人生を、そして一つの時代を象徴する言葉になっていくだろう、ということを。

美空ひばりは、かねてから原稿用紙や便箋や色紙、雑記帳のようなノートに、思いついた詩や歌、散文、日記などを、日々書き綴っていた。自伝『川の流れのように』（集英社）には、それら数々の記述がまとめられている。そこからは、国民的スターとしての「美空ひばり」の役割を真っ向から引き受け、その運命に身を投じようとする彼女の姿が垣間見える。雑誌『鳩よ！』１９８９年1月号には、こんな言葉が掲載されている。

私だって人間だもの　さびしい時だってある
悲しくって大声で叫びたい時だってある
しかしそれは私には許されない
なぜって私は「ひばり」だから
いつも私はひとりぼっち

すでに病は身体を重く蝕んでいた。

前年の１９８８年4月11日には、長期の入院と療養を経た復帰公演となるコンサート「不死鳥／美空ひばり ｉｎ ＴＯＫＹＯ ＤＯＭＥ 翔ぶ‼新しき空に向って」が開催された。しかし体調は万全ではなかった。楽屋には、簡易ベッドと共に医師も控えていた。全39曲を歌いきったが、公演を境に病状はさらに悪化する。

そんな中、再起をかけたアルバム『不死鳥パートⅡ』の収録曲としてレコーディングされたのが「川の流れのように」だった。

当初、制作側では「ハハハ」というアップテンポな曲をシングル候補にしていた。しかし、これまで常にスタッフの意見を尊重してきたひばりが「これだけは私に決めさせて」と強く主張し、12月1日にリリースされたアルバムから、この曲がシングルカットされる。

そして、これが生涯最後の曲となった。

秋元康と美空ひばり

「川の流れのように」の作詞は、秋元康が手掛けている。

作曲は、とんねるず「雨の西麻布」やおニャン子クラブ「恋はくえすちょん」など、秋元康と組んで80年代に数々のヒット曲を世に送り出していた見岳章。秋元はアルバム『不死鳥パートII』全体の企画とプロデュースも担っていた。

当時、秋元は30歳。『オールナイトフジ』『夕やけニャンニャン』『とんねるずのみなさんのおかげです。』など数々の人気番組の企画構成を手掛け、放送作家として飛ぶ鳥を落とす勢いで活躍していた。しかし、その主戦場はアイドルとバラエティ番組。作詞家としても成功はしていたが、ひばりのいた歌謡曲の世界とは縁遠い、いわば軽佻浮薄な時代の象徴だった。

なぜ、ひばりは最後の作品を秋元に託したのか。

プロジェクトがスタートしたのは数年前、ひばりが療養に入っていた頃だった。かねてから作詞家になったからには美空ひばりと仕事をしてみたいと話していた秋元の言葉がひばりのスタッフに伝わり、「自分と遠い若い世代の人たちにメッセージを残したい」というひばりの意向と合致した。

本格的にプロジェクトが動き出したのは1988年に入ってからのことだ。その頃、秋元は芸能界の喧騒を離れニューヨークに移住していた。

僕は31丁目にあるコンドミニアムに住んでいたんですが、その部屋の下にイーストリバーが流れていて、それを眺めながら「この川をずっといくと海に繫がって、その海は日本に繫がってるんだろうな」とか、ぼんやり考えていたんですよ。そんなときに日本からひばりさんが東京ドームで不死鳥コンサートをやると連絡があったんです。それで急遽帰ってこいっていう話になり、東京に帰って、東京ドームでひばりさんとお会いしてプロジェクトが再開しました。(『Musicman』2010年11

月17日）

秋元は当時を振り返り、こう語っている。

ひばりとそのスタッフたちは常に時代の流れにアンテナを張っていた。かつてのような大ヒットを送り出さなくなっていた70年代以降も、「セーラー服と機関銃」（1981年）を手掛けた来生たかおを作曲、坂本龍一を編曲に迎えた「笑ってよムーンライト」（1983年）など、下の世代の作り手を起用し新たなジャンルに挑んでいた。

すでに名曲は沢山あった。東京ドームの「不死鳥コンサート」でそのレパートリーを歌うだけでもファンは満足し喜んだだろう。しかしひばりは、ポップシンガーとして同時代性にこだわり続けた。

だからこそ秋元康に白羽の矢が立てられたのだろう。

「川の流れのように」の発売後、2月には全国ツアー「歌は我が命」がスタートした。しかし、すでに満身創痍の身体は舞台に立てるような状態ではなかった。楽屋に医師と酸素吸入器が控えた2日目の小倉公演を終えた彼女はそのまま入院し、ツアーは中止を余儀なくされる。

6月24日、美空ひばりは52歳という若さでこの世を去った。多くの人がその死を悼み、そしてその死を昭和という時代の終焉と重ね合わせた。

当時の週刊誌の追悼特集に、秋元はこんな言葉を寄せている。

最後の楽曲になってしまった「川の流れのように」の詞を見せた時、「そうよね、人生って川の流れみたいよね。細い川があったり、広い川があったり、曲がりくねっていたり、まっすぐだったり、流れが速かったり、遅かったり……。でも、結局、みんな同じ海につながっているのよね」とおっしゃった言葉が、心の奥に思い出深い。きっと、僕が作詞家という人生を歩み続ける間、ずっとその川底で、ひばりさんの言葉がキラキラと輝いているだろう。(『サンデー毎日』1989年7月16日号)

歴史の転換点と「思い出の目次」

1989年は、歴史の転換点だった。

この年は、世界の枠組み自体が大きく変わった1年だった。各国で様々な事件が相次いだ。6月4日には中国で天安門事件が起こる。11月9日にはドイツでベルリンの壁が崩壊。アメリカを中心とした資本主義陣営と、ソ連を中心とした共産主義陣営の対立構造は終焉に向かい、1ヶ月後の12月2～3日にアメリカのブッシュ大統領とソ連のゴルバチョフ書記長によって行われたマルタ会談で、冷戦の終結が宣言された。戦後のイデオロギー対立から、その後に訪れるグローバル化へ。時代の分水嶺を、人々は「平成」という新しい年号と共に受け止めた。

秋元康は、その後も美空ひばりと「川の流れのように」にまつわるエピソードを繰り返し語っている。『文藝春秋』創刊90周年記念号に寄稿された「同じ海に」と題した文章には、アルバム『不死鳥パートII』制作の裏側が、こんな風に明かされている。


僕は、原稿用紙5～6枚のひばりさん宛ての企画書を一気に書き上げ、タイトルには、「思い出の目次」と付けました。

流行歌は、その歌を聴くたびに「この歌が流れていたときは、こんなことがあったっけ」と、人それぞれが思い出を引き出す上での目次になるものです。たとえば「『東京キッド』が流行っていた時期には、こんなことをしていたな」とか。

僕も自分の例を引いて「小学生の頃、祖母がテレビでひばりさんの『悲しい酒』を観て泣いていた」「『真赤な太陽』が発売された当時、父は高度経済成長期の猛烈サラリーマンでした」などと企画書に書きました。そうした流行歌の「思い出の目次」をいちばんたくさん持っている歌い手が、ひばりさんなのです。

「川の流れのように」のシングル盤は、美空ひばりの死後に売上を伸ばし、1964年の「柔」を抜いて最大のヒット曲となった。

秋元の狙い通り、そしてひばりの確信の通り、「川の流れのように」は昭和から平成へと移り変わる時代の「思い出の目次」となったのだ。

2．さくらももこが受け継いだバトン
——1990（平成2）年の「おどるポンポコリン」（B．B．クィーンズ）

植木等と『ちびまる子ちゃん』

「分っちゃいるけど　やめられねぇ」

タキシードに蝶ネクタイを結び、大きく顔をほころばせた植木等が歌う。

「スイスイ　スーダララッタ　スラスラ　スイスイスイ」

ステージで膝を曲げて踊る植木等を囲むように、扇子を持った沢山の出演者たちが集まってくる。

1990年の紅白歌合戦の主役は、まぎれもなく植木等だった。この年、自身とクレージーキャッツの代表曲をメドレーにした「スーダラ伝説」をヒットさせた彼は、1967年以来、23年ぶりに歌手として紅白歌合戦に出演する。その時の視聴率は56・6パ

ーセント。歌手別の最高視聴率だ。

白髪の好々爺となった植木等が、笑いながら「サラリーマンは気楽な稼業ときたもんだ」「そのうちなんとかなるだろう」と歌う。その姿からは、やがて平成という時代の中で失われていく、能天気さとあふれんばかりの多幸感が放たれていた。

美空ひばりと同じく、植木等もまた、昭和という時代の象徴だった。

生まれたのは、１９２６年12月25日。大正天皇が崩御し、昭和に改元された当日だ。浄土真宗の寺に生まれ育ち、戦後芸能史を支えるエンターテイナーやミュージシャンの多くと同じく戦後には進駐軍のクラブやジャズ喫茶で演奏していた植木等。ハナ肇とクレージーキャッツの一員として世に出た彼は、１９６１年に発売された『スーダラ節』の爆発的なヒットで一躍国民的スターの座に躍り出る。翌年公開された映画『ニッポン無責任時代』が、その人気を盤石にした。

キャッチコピーは「日本一の無責任男」。俳優であり、コメディアンであり、歌手である彼が、どんな風に昭和という時代を象徴したのか。そして、その存在は、どう受け継がれたのか。

そのことは、平成という時代を語る上で、とても大事なポイントになる。

本書でも、ＳＭＡＰを語るときに、また、星野源を語るときに、クレージーキャッツの名前は繰り返し登場する。

昭和が終わり、平成が始まる。

１９９０年はそういう年だった。この年、社会現象的なヒットとなったのが、アニメ『ちびまる子ちゃん』と、そのエンディングテーマであるＢ．Ｂ．クィーンズ「おどるポンポコリン」だ。

作詞を手掛けたのは、『ちびまる子ちゃん』の作者、さくらももこ自身だ。

彼女もまた、植木等から、クレージーキャッツからバトンを受け取った一人だった。

さくらももこの自伝的作品である『ちびまる子ちゃん』の「まる子、みんなにばかにされるの巻」というエピソードの中には、「まる子、クレージーキャッツに入りたい！」と宣言する場面がある。二宮金次郎やエジソンなど偉人の伝記を読み真似するも空回りを続け散々な一日を過ごしたまる子が、最終的には家族で囲んだお茶の間のテレビで歌う植木等の姿に憧れたという話だ。父・ヒロシに「お前、歌は下手だろ」と突っこまれると、まる子は、「じゃあ、青島幸男さんみたいにああいう歌を作りたいよ」と言う。

青島幸男は「スーダラ節」を作詞し、さくらももこは「おどるポンポコリン」を書いた。

「ピーヒャラピーヒャラ　パッパパラパ」

意味のない、しかし、だからこそ強度のある言葉が、世を席巻した。

さくらももこは、「青島幸男さんみたいに」なった。まる子は夢を叶えたのだ。

ビーイング系とは何だったのか

「おどるポンポコリン」は、ミリオンセラーが続出する90年代の幕開けを飾る一曲になった。

4月4日にリリースされたこの曲は、アニメの人気と共に徐々に火がつき、6月18日付のオリコン週間シングルランキングで10位圏内に初登場する。そこからヒットはさらに拡大し、9月にはセールス枚数が100万枚を突破。10月にはアニメも最高視聴率39・9パーセントを記録した。旋風は1年にわたって続き、この曲は1990年のオリコン年間シングルランキング1位となった。

そして、「ビーイング系」と呼ばれる一大ブームをもたらすきっかけを作ったのも、やはりこの曲だった。

音楽制作会社「ビーイング」は、音楽プロデューサーの長戸大幸《ながとだいこう》によって、1978年に設立されている。「おどるポンポコリン」の作曲を手掛けた織田哲郎は、初期からビーイングのヒット曲の数々を手掛けた立役者だ。

1986年にはTUBEが「シーズン・イン・ザ・サン」をヒットさせ、1988年にデビューしたB'zが「太陽のKomachi Angel」を初のオリコン週間1位に送り込んだのが、1990年6月のこと。ZARD、T-BOLAN、WANDS、大黒摩季などが次々とデビューして世を席巻し、いわゆる「ビーイング系」のブームを作り出すのが1992年から1994年あたりのことだ。

長戸は『ちびまる子ちゃん』の単行本を読んで感激し、さくらももこに会いにいき、そこでアニメ化の話を聞いたことから主題歌の制作を担当することになる。そこから近藤房之助、坪倉唯子など所属ミュージシャンによる企画ユニットとして結成されたのが、この曲を歌ったB.B.クィーンズだ。

90年代のJ-POPは「プロデューサーの時代」と言われることになる。しかし、その代表的な存在である小室哲哉や小林武史と違い、長戸は裏方に徹底していた。オーディションやスクールで見出したボーカリストを中心に、ときに面識のないメンバー同士を組み合わせる形でバンドやユニットの結成を主導した。自社に所属する作曲家やミュージシャンがほぼ全ての楽曲制作を手掛ける「音楽制作集団」のシステムを築き上げた。アニメやドラマの主題歌、CMソングのタイアップを積極的に活用してヒットソングを大量生産し認知度を高める一方、アートワークやメディア露出などのイメージ戦略も徹底してコントロールしていた。バンドやユニットのネーミングも長戸がほぼ手掛けている。

長戸は50年代から70年代のドーナッツ盤のコレクターであることを公言している。オールディーズのアメリカン・ポップへの深い知識と憧憬が彼のバックボーンにあった。言ってしまえば、モータウンやブリル・ビルディングにも通じる「ヒットソング量産工場」としてのファクトリー型のシステムがビーイング系特有のスタイルだった。

こうして「おどるポンポコリン」は、90年代のJ－POPの時代の先鞭にもなった。

大瀧詠一の果たした役割

さくらももこは、その後も『ちびまる子ちゃん』主題歌の作詞を手掛けている。やはり子供時代からの憧れだった西城秀樹が歌った「走れ正直者」。小山田圭吾が作曲、カヒミ・カリィが歌い、「渋谷系」の時代の象徴の一つにもなった「ハミングがきこえる」。いくつもの名曲があるが、やはりここで取り上げるべきは、1995年にリリースされたシングル『うれしい予感／針切じいさんのロケン・ロール』だろう。「うれしい予感」は、大瀧詠一が作曲、渡辺満里奈が歌った第2期初代オープニングテーマ。そして同期のエンディングテーマだった「針切じいさんのロケン・ロール」は、シェブ・ウーリーのカバーで、植木等が歌い、さくらももこが訳詞を手掛けている。

どちらもプロデュースを手掛けたのは大瀧詠一だ。

さくらももこは、大瀧詠一の長年のファンでもあった。

さくらももこのデビュー30周年を記念して刊行されたムック『おめでとう』（集英社）には、この曲が生まれた背景を綴った「ナイアガラよ永遠に‼」という記事がある。大瀧詠一にテーマソングを作ってもらおうとダメ元で依頼したところ、「もし今年、ジャイアンツが優勝したら、ちびまる子ちゃんのテーマソングを作ります」という返事が来た。「それで私も、いつもの年よりも必死でジャイアンツを応援した」というさくらももこの祈りが通じたのか、ジャイアンツは優勝し、「約束通り、まる子ちゃんのテーマソングを作ります」と書かれたＦＡＸが届いたという。

さくらももこと植木等を結びつけたのも、やはり大瀧詠一だった。

そもそも、1990年に『スーダラ伝説』のプロデュースを手掛け、歌手としての植木等の復活の立役者になったのも、大瀧詠一だった。

『スーダラ伝説』のブックレットには、「厚家羅漢《あっけらかん》」というペンネームで書かれた大瀧詠一の解説が収録されている。

メドレーを聞き終えて感じるのは、この曲が大流行したこの頃が、大人の歌を子供が歌った最後の時代であった、ということだ（この後の子供は自らの成長と共に、GS、フォーク、ロックと自前の音楽を持つことになる）。「お富さん」を歌った小学校時代、「スーダラ節」を歌った中学時代、どちらも親に「そんな歌、歌うんじゃありません！」と叱られたが、今では子供の歌「踊るポンポコリン」を親が歌い、ムスメに「こんな歌を歌う父が……、かわいい」とリハウス調にいわれる時代となり、参議院だけではない〈ネジレ現象〉が生じている。こどもに〈カワイイ〉といわれる努力を親がしているのが現代とすれば、このような大人になれ!!! と逆説的に説いた植木等は、最後の〈子供の教育者〉であったかもしれない（ということは、最初の〈大人の教育者である子供〉は〈ちびまる子〉ということだろうか?!）。

１９９０年の時点で「おどるポンポコリン」を「スーダラ節」と結びつけていた大瀧詠一は、平成という時代を「こどもに〈カワイイ〉といわれる努力を親がしている」時代と喝破していた。

慧眼だと思う。

「うれしい予感」は、大瀧詠一らしいオールディーズのアメリカン・ポップな一曲だ。さくらももこは、こんな歌詞を書き下ろしている。

いつかみていた夢が　今日はかなうといいな
そんなことが　おこりそうだよ　ほんと　ほんとだよ
魔法かけてくれた天使が　ここにいるんだよ

3．月9とミリオンセラー
——1991（平成3）年の「ラブ・ストーリーは突然に」（小田和正）

「月9」とは何だったのか

「ねえ、セックスしよ！」

鈴木保奈美演じる赤名リカが歩道橋の上で言い放ち、その瞬間、「♪チャカチャチャチャーン」というギターフレーズが鳴り響く。その後も何度も語り草になったドラマ『東京ラブストーリー』の名場面だ。

それはいわば、新しい時代の到来を告げるイントロだった。

小田和正が書き下ろした主題歌「ラブ・ストーリーは突然に」を収録した両A面シングル『Oh! Yeah!／ラブ・ストーリーは突然に』がリリースされたのは、ドラマの放送開始から約1ヶ月後の1991年2月6日。発売1週間で100万枚を突破し、その年の終わりには当時のシングルCD売上記録を大幅に更新する270万枚の大ヒットとなった。

それは「ミリオンセラーの時代」の本格的な幕開けだった。ドラマやCMのタイアップからミリオン、ダブルミリオンなど以前とは規模の違う巨大なヒットが生まれ、音楽産業がかつてない活況を呈するCDバブルの時代だ。

特に、CHAGE&ASKA「SAY YES」（1991年、『101回目のプロポーズ』主題歌）や米米CLUB「君がいるだけで」（1992年、『素顔のままで』主題歌）など、90年代初頭にはフジテレビ系の月曜9時に放送される、いわゆる「月9」ドラマの主題歌から社会現象的なヒットの数々が生まれた。

なぜこれらの楽曲はここまで受け入れられたのか？

「月9」とは何だったのか？

『東京ラブストーリー』のキャッチコピーは「東京では誰もがラブストーリーの主人公になれる」。愛媛から上京しスポーツ用品メーカーで働くカンチこと永尾完治（織田裕二）、同僚の帰国子女・赤名リカ（鈴木保奈美）、そしてカンチと同郷の関口さとみ（有森也実）の間で揺れ動く恋愛模様が描かれる。

リカが暮らすのは観葉植物に囲まれた3LDKの高級マンションだ。オープニングでは、高層ビルが立ち並ぶ街の中を歩く群衆の姿が映し出される。ドラマを観て東京の暮らしに憧れた地方出身の視聴者も多かっただろう。

そのためかその後に「トレンディドラマの代表格」と言われることも多い『東京ラブストーリー』だが、実は80年代に一世を風靡したトレンディドラマの王道作とは、その物語の描き方は大きく異なっている。

『君の瞳をタイホする！』（1988年）や『抱きしめたい！』（1988年）などのトレンディドラマは、都会のオシャレなライフスタイルを軽いタッチで描いたラブコメディが中心だった。しかし、脚本家・坂元裕二の出世作となった同作で描かれるのは、すれ違いをストーリーの牽引力にした一途な純愛の物語だ。

これらの作品を手掛けたフジテレビのプロデューサー大多亮は、自著『ヒットマンテレビで夢を売る男』（角川書店）の中で、『すてきな片想い』『東京ラブストーリー』『101回目のプロポーズ』を、「物欲的なトレンディから地味な純愛路線」に向かっていた時期の作品と位置付けている。

1991年はバブル景気崩壊の足音が聞こえはじめた年だ。

しかし、好景気の浮かれたムードはまだまだ残っていた。後に「バブルの象徴」とされるディスコ、ジュリアナ東京がオープンしたのも、この年の5月である。しかし、80年代とは時代のムードは確実に変わりつつあった。

「誰かが甘く誘う言葉にもう心揺れたりしないで」（「ラブ・ストーリーは突然に」）
「愛には愛で感じ合おうよ　硝子ケースに並ばないように」（「SAY YES」）

2つの曲の歌詞も「純愛」というドラマの方向性と共振している。洗練された都会のライフスタイルやそこでの恋愛模様を描きつつも、光を当てるのは横文字の職業やデートスポットが象徴するきらびやかな消費の楽しさではない。むしろ、一途な愛だ。「ラブ・ストーリーは突然に」は、80年代から90年代へと切り替わるこうしたムードの変化を象徴した一曲でもあった。

タイアップの本質

『東京ラブストーリー』の発明は、主題歌を劇伴に使ったことにもあった。

それまでのテレビドラマでは主題歌と挿入歌には明確な線引きがあり、主題歌が劇伴として使われることは少なかった。しかし『東京ラブストーリー』では、オープニングだけでなく、劇中でもピアノやシンセサイザーでサビのメロディを奏でるインストゥルメンタルのバージョンが何度もリフレインされる。そして毎話の終盤、クライマックスの場面でイントロのギターフレーズが鳴り響き、歌が始まる。

あの日あの時あの場所で君に会えなかったら

すれ違うリカとカンチの心情を代弁するようなサビのフレーズは、視聴者の心に文字通り焼き付いた。

大多の主題歌に対してのこだわりはとても強かった。最初に小田和正から届いた曲が自らの意図とは違っていたことから、大多は意を決して書き直しを依頼している。その経緯を、大多はこんな風に語っている。

実は、小田さんが最初に書いてくれた曲が、ボクのイメージと違っていたので、正直に話したんです。そしたら、小田さんが『そうか、そういうことで女のコを泣かせたいのか』とわかってくれて、『じゃ、これでどうだ』と作ってくれたのがあの曲なんです。（『週刊現代』1991年7月6日号）

ドラマのストーリーや登場人物の心情に寄り添って書き下ろされた主題歌が、劇中のここぞという場面で流れる。そのことで物語と音楽に強い結びつきが生まれる。それがヒットの原動力となった。

3連符の魔法

「ラブ・ストーリーは突然に」は、イントロにも大きなポイントがある。この印象的なギターのカッティングを弾いたのは佐橋佳幸。アーティストからの信頼も厚く数々の名曲に携わるセッションギタリストの第一人者である。

よく「チャカチャン♪」って言われるんですけど、本当は「チャカチャャチャン♪」って3連符で弾いています。（『ギター・マガジン』2016年1月号）

佐橋はこう解説する。

後にいきものがかりの水野良樹が「一発のストロークだけで世界が変わった」とこのイントロを紹介した際も（『関ジャム 完全燃ＳＨＯＷ』２０１７年2月19日放送回）、「チュクチューンではなく、チュクチュチューンなんですよ」とストロークを解説している。

このイントロは強いこだわりを持って生み出されたものだった。小田はオフコースを解散しソロ活動を始めた１９８９年に佐橋と出会い、それ以来、常にレコーディングに参加するなど２人は強い信頼関係で結ばれている。この曲の制作背景を２人はこう振返っている。

小田　あれは泊りがけでレコーディングして、夜飲んで「ああでもない、こうでもない」って話してて。

佐橋　そうでしたね。レコーディングが終わってちょっと飲みが入ってから、小田さんが「イントロがさぁ……」って言ったからやり直しにいったんですよ、僕。（略）小田さんいつもイントロイントロ言ってるんだもん。

小田　イントロは大事だからねぇ。やっぱり名曲ってイントロがすごく語るんだよな。（『アコースティック・ギター・マガジン　Vol．9』）

1拍を3等分したリズムである3連符は、そもそも、この曲の成り立ちそのものでもあった。小田がアイディア段階で書き留めていた曲の仮タイトルは「3連の嵐」。サビのメロディは、すべて3連符のリズムで成り立っていた。「あの日あの時あの場所で」（あのひ・あのと・きあの・ばしょで）という歌詞も、そのリズムを最大限に活かして書かれたものだった。

あの曲はサビが全部、3連符でできてるんだけど、いつか3連符で曲を書こうというアイデアがあったわけ。よし、じゃあ、ここのサビで使ってみようと。印象的だからね、タタタタタタって。それで、これはぴったり3連符にあわせないと力がフルに発揮できないだろうなと思ったの。せっかくの3連符だから、ぴったりくるフレーズを探さなくちゃいけないと。（『100年インタビュー』保存版　時は待ってくれない』PHP研究所）

イントロに、そしてサビにも「3連符の魔法」があった。それが「ラブ・ストーリーは突然に」という曲の大きな魅力になっていたのだ。

90年代はタイアップ全盛期だ。この頃から、楽曲がドラマ主題歌に起用されカラオケで歌われることが「ヒットの方程式」として広く認知されるようになった。その中にはテレビ露出の効果だけを狙いストーリーと歌詞に関連が薄いものも少なくなかった。

しかし『東京ラブストーリー』と「ラブ・ストーリーは突然に」のタイアップには、より本質的なクリエイティブの結びつきがあった。小田が歌った歌詞の言葉も、佐橋が弾いたイントロのギターフレーズも、鮮烈なインパクトを残した。

だからこそ、この曲は「ミリオンセラーの時代」の幕開けを飾る代表的な一曲になったのである。

4．昭和の「オバさん」と令和の「女性」
——1992（平成4）年の「私がオバさんになっても」（森高千里）

平成を経て「女性」はどう変わったのか

「すべての女性に勇気を与えた歌です！」

1992年の紅白歌合戦。紅組司会の石田ひかりはこう告げた。レザーの上着とフリフリのミニスカートを身に着けた森高千里が、まばゆいスポットを浴びてこう歌う。

私がオバさんになっても　ディスコに連れてくの？
ミニスカートはとてもムリよ　若い子には負けるわ

この年、23歳となった森高はこの曲で紅白への初出場を果たしている。

レコード産業には明らかに好況が訪れていた。それを後押ししたのは、この年に登場した通信カラオケだった。それまでの主流だったレーザーカラオケに対して、楽曲データをリアルタイムに配信できるため、CDの発売と同時に楽曲を歌うことができるようになった。カラオケボックスが本格的に普及し、10代や20代が新曲をこぞって歌うようになった。

1992年のオリコンのシングル年間TOP10には、米米CLUB「君がいるだけで」、浜田省吾「悲しみは雪のように」、B'z「BLOWIN'」、大事MANブラザーズバンド「それが大事」、サザンオールスターズ「涙のキッス」、とんねるず「ガラガラヘビがやってくる」、槇原敬之「もう恋なんてしない」などの曲が並ぶ。どれもドラマやCMやバラエティ番組でたびたび流れ、時代を彩ったミリオンセラーだ。

そんな中、「私がオバさんになっても」は森高千里の代表曲の一つとなったが、セールス面だけを見れば、この曲は決して大ヒットと言えるわけではない。オリコン週間最高位は15位。斉藤由貴主演のドラマ『まったナシ!』(日本テレビ系)主題歌として話題を呼んだが、シングル年間ランキングではTOP100にも入っていない。

しかし、この曲は「平成という時代」の一つの側面を象徴している、と筆者は考える。

第二次世界大戦とその後の高度経済成長を経た「激動の昭和」に対して、平成の時代は、日本社会の枠組みは大きく変わっていないように見える。しかし、その内側ではゆっくりと、しかし確実に変化が起こっていた。本書でも後に「ボーン・ディス・ウェイ」や「レット・イット・ゴー ～ありのままで～」や「恋」の項で触れることになるが、社会が人々を縛りつける軛《くびき》が少しずつ解けていったのが、平成という時代だった。

その象徴の一つが、女性の年齢のあり方だ。

女ざかりは19だと　あなたがいったのよ

森高自身が作詞を手掛けた「私がオバさんになっても」には、こんな一節がある。これは、あるスタッフが実際に彼女の周辺で口にした言葉なのだという。

20代前半の森高にとって、仕事場にいるのは年上の男性がほとんどだったはずだ。「女ざかりは19」というのは何気ない会話の中の一言にすぎなかったのかもしれないが、しかし森高には聞き流せなかった。「女ざかり」とは何か。それを男性が年齢で勝手に決めるとはどういうことか。

女性の年齢を揶揄し差別する言い方はセクシャルハラスメントに該当する。しかしバブル期にはその認識はまだ浸透していなかった。女性の結婚適齢期をクリスマスケーキに喩えて26歳以降を売れ残りとする「クリスマスケーキ理論」なる言葉すら飛び交っていた。

「セクシャルハラスメント」という言葉は、1989年の「新語・流行語大賞」の新語部門・金賞を受賞している。この年にセクハラを理由とした初の裁判があり、その後も訴訟が相次いだことでセクハラという概念は急速に広まっていた。しかし「何気ない冗談や親愛の情のつもりだったのにセクハラなんて」という男社会側の違和感は、その後も昭和の残滓として残り続けることになる。

私がオバさんになったら　あなたはオジさんよ
かっこいいことばかりいっても　お腹がでてくるのよ

曲の後半で森高はこう歌う。若さこそ価値とされる時代での女性の飾らぬ本音を綴ったこの曲の歌詞を指して、石田ひかりは「すべての女性に勇気を与えた」とこの曲を紹介したのだろう。

しかしその後の森高のキャリアを踏まえて考えると、この曲は、もっと射程の広い意味を持って作用しているようにも思える。

「アイドル」と「アーティスト」の境目で

森高がデビューしたのは1986年。きっかけはポカリスエットのイメージガールコンテストのオーディションだった。子供の頃の憧れはピンク・レディー。『ザ・ベストテン』を観て歌謡曲を聴いて育ち、中学時代にはデュラン・デュランのドラマー、ロジャー・テイラーに憧れた。高校1年生の時にバンドを組んでドラムを担当。レベッカのコピーをしていたという。

そんな熊本の普通の女子高生だった森高は、高校2年生の夏休みに受けたコンテストで1万人を超える応募の中からグランプリを獲得。一躍シンデレラ・ガールとして世に出ることになった。

しかし、当時は80年代のアイドルブームが急激に失速していた時代だ。おニャン子クラブを世に送り出した『夕やけニャンニャン』（フジテレビ系）は1987年8月に放送を終了。工藤静香や菊池桃子など当時の人気アイドルはこぞって「アーティスト化」をはかっていた。

「〝アーティスト〟なんて呼び方があるなんて知らなかったのに、ある日突然〝アーティスト工藤静香〟みたいに雑誌とかで書かれるようになった」（『Rolling Stone 日本版』2015年3月号）と、工藤静香自身、後のインタビューで当時の風潮を困惑と共に振り返っている。森高が世に出たのはそういう時代だった。

デビュー直後は、どんな方針でどんな活動をしていったらいいんだか、わたしもスタッフもまるでわからない状態だったから、自信を持って「アイドルです」とも「アーティストです」とも「どっちでもいいんです」とも言えなかったんです。（『STEP BY STEP』ニッポン放送プロジェクト）

所属事務所やレコード会社のスタッフは「アイドルではなくアーティスト的な活動をしていこう」という方針を固めていたが、何がアイドルで何がアーティストなのか、その境目は定かではなかった。女優、バラエティ番組への出演と、仕事は選ばなかった。

デビュー当初は歌うのも苦手だったという森高は、そんな浮ついた状況で生じる数々の疑問を一人で抱え込み、結果、ストレスが原因で入院する。病名は急性腸炎。それが歌手に専念する大きなきっかけになった。

その前年から作詞を手掛けるようになったのも大きかった。最初に書いたのは「ミーハー」という曲だ。

お嬢様じゃないの　わたしただのミーハー！
だからすごくカルイ　心配しないでね

歌詞のきっかけになったのはデビュー当時のおとなしく引っ込み思案なイメージへの違和感だった。入院の体験からは「ストレス」という曲ができた。自分の実体験をもとに、平易な言葉ながら鋭い視点を持った歌詞を書くようになった。

衣装は目立つようにと自らこだわったミニスカート。楽器の演奏にも取り組み、ライブではギターやドラムを演奏しながら歌うパフォーマンスを見せるようになった。栃木県足利市を舞台にしたバラード「渡良瀬橋」（１９９３年）も支持を集め、作詞家としても表現の幅を広げていった。

芸能事務所のイメージ戦略としての「脱アイドル」ではなく、アイドル的なイメージを振りまきながら、本質的な意味でアーティストとしての表現活動に携わることで、「自ら作詞した曲を歌う女性ソロシンガー」としての道を切り拓いたのが森高千里だった。

20年越しのメッセージ

「私がオバさんになっても」のリリースから4年後の1996年、雑誌『週刊文春』の人気連載「阿川佐和子のこの人に会いたい」で、森高はエッセイストの阿川佐和子と対談している。この記事の内容、そこに表れる2人のスタンスの違いが、とても興味深い。

このときの森高は26歳。阿川は42歳。記事のリード文には「『今日は、オバさんになるとはどんなものか、分からせてあげようじゃないの』と、若い女性への嫉妬を丸出しにして」――という一節が書かれている。つまり、42歳の阿川は「オバさん」という自己認識のもとで16歳年下の森高に初対面を果たしたわけだ。

対談の中で2人はこう話している。

阿川　オバさんというのは、幾つぐらいからだと思ってますか。
森高　私は、年齢に関係なく、その女性が自分でオバさんだと思った瞬間からオバさんだと思うんですけど。
阿川　甘い！（笑）　自分がそう思っていなくても周りが許さない時が来るの。

阿川は対談の中で「ふと気がつくとお腹が出てくる」「あらゆることに腹が立つようになってくる」「常に紙袋を下げて歩き、両足を開いて立っている」「立ち上がるときに『よいしょ』と言う」と「オバさん」のイメージを連ねる。読者は当時の人気漫画『オバタリアン』に描かれる厚顔無恥で傍若無人な中年女性のキャラクターを思い浮かべただろう。「周りが許さない」というのは、歳を重ねた女性を社会の側が「オバさん」の枠組みに入れて扱うということでもある。

しかし、森高はそんな「オバさん」にはならなかった。１９９９年に俳優・江口洋介と結婚。２０００年2月に長女を、２００２年5月に長男を出産し、子育てに専念するため休業する。そして10年後の２０１２年、かつての阿川と同じ年代となった森高はデビュー25周年を機に本格的に音楽活動を再開させた。

そこにいたのは、かつてと変わらぬ美貌を保った森高千里だった。

シングルコレクションをリリースし、YouTubeの公式チャンネルに自らの楽曲のセルフカバー映像を公開。村上〝ポンタ〟秀一など第一線のミュージシャンが称賛するドラムの腕前を筆頭に、歌手だけでなく様々な楽器をこなすミュージシャンとしての成長も示した。その一方でテレビの音楽番組の司会をつとめるなどメディア露出も増やした森高は「年齢に関係なく、その女性が自分でオバさんだと思った瞬間からオバさんだ」という言葉を自ら証明してみせた。

2017年、デビュー30周年を迎えた森高は、NHK『おはよう日本』のインタビューに応えてこんなコメントを残している。


10代から20代、そして30代、40代になって経験してきた、いわゆる女性の強さって、たぶん年齢がたてばたつほど、いい意味で強くなると思うんですよね。（NHK『おはよう日本』2017年6月10日放送「けさのクローズアップ」）

こうして、森高千里は、歳を重ねることを肯定的に捉える女性のロールモデルの一人になった。

「私がオバさんになっても」は、2015年、2019年にそれぞれ化粧品のCMソングに起用されている。どちらのCMにも森高自身が出演し、改めてアレンジを加えたこの曲を自然体の佇まいで歌っている。そこにあるメッセージは明確だ。「若さ＝美しさ」ではないということ。年齢を重ねても女性は自分らしく輝き続けることができるということだ。

この曲が本当の意味で「すべての女性に勇気を与えた」のは、最初に歌われてから20年以上経った後だったのである。

5．ダンスの時代の幕開け
——1993（平成5）年の「EZ DO DANCE」（trf）

小室哲哉と「プロデューサーの時代」

小室哲哉は、90年代のJ－POPにおける主役の一人だ。

彼は間違いなく時代の寵児だった。手掛けたヒット曲も枚挙にいとまがない。安室奈美恵、globe、trf（1996年にTRFに改名）、華原朋美、hitomi、鈴木あみなど、数々のアーティストをブレイクに導き「小室ファミリー」として華々しく世を席巻した。

音楽シーンで「プロデューサー」という肩書きが当たり前に通用するようになったのも、小室の登場以降のことだ。もちろん、歌謡曲の時代にも、その役割を担っている人間は多くいた。作詞家がいて、作曲家がいた。アレンジやサウンドを手がける編曲家がいた。アーティストの発掘や育成、イメージ戦略は主にレコード会社のスタッフが担っていた。

しかし小室哲哉が革新的だったのは、そのすべてを一手に引き受けたことだった。小室は作詞家、作曲家、編曲家すべての部門でシングル総売上枚数の歴代ベスト5にランクインしている（オリコン調べ、2021年時点）。これを達成しているのは彼だけだ。シンセサイザーのプログラミングを駆使し、楽曲制作にまつわる作業を「オールインワン」で手掛ける。だからこそ、メロディにも、サウンドにも、言葉にも彼自身の作家性が克明に刻み込まれた。

彼自身も積極的にメディアに露出した。

篠原涼子 with t.komuro「恋しさと せつなさと 心強さと《いと》」（1994年）や、ダウンタウンの浜田雅功が歌ったH Jungle with t「WOW WAR TONIGHT～時には起こせよムーヴメント」（1995年）のメガヒットもあって、「with t」という言葉が一つのブランドになった。

カルチャーを作るということ

こうして名実ともに時代を象徴した彼の数々のヒット曲から、本書ではｔｒｆの「EZ DO DANCE」を選びたい。

何故なら、この曲は小室が、そして当時は日本の音楽業界において全く存在感のなかったエイベックスというレコード会社が、明らかに〝仕掛けにいった〟象徴の曲だからだ。「ダンス」をキーに、平成の時代の新しい音楽の潮流を作ろうとした。そして、それが形になった。

発売は１９９３年6月21日。ｔｒｆのメジャーデビューから2枚目のシングルだ。決してすぐに売れたわけではない。オリコンチャートは最高位15位。しかし秋頃からじわじわとセールスを上げ、グループはこの年の12月16日発売の『寒い夜だから…』で本格的にブレイク。続く6枚目のシングル『survival dAnce ～no no cry more～』（１９９４年）から5作連続でミリオンセラーを達成している。

１９９３年のオリコン年間シングルランキング1位はＣＨＡＧＥ＆ＡＳＫＡ『ＹＡＨ ＹＡＨ ＹＡＨ』。以下ＴＯＰ10にはB'z『愛のままに わがままに 僕は君だけを傷つけない』『裸足の女神』、ＺＡＲＤ『負けないで』『揺れる想い』、ＷＡＮＤＳ『時の扉』、中山美穂&WANDS『世界中の誰よりきっと』などの曲が並ぶ。

このランキングから読み取れるのは、1993年がビーイング系の全盛期だったということだ。B'z、ZARD、WANDS、T-BOLAN、大黒摩季などビーイング系列のレーベルに所属するアーティストたちが次々とヒットを飛ばした。CMやテレビ番組のタイアップで楽曲が大量にテレビに流れる一方、本人の音楽番組やライブなどの露出は意図的に抑えられ、それがCDセールスに結びつくという手法が「ヒットの方程式」として用いられた。

しかし同時に、次の波は確実に訪れていた。その象徴となったのが、8月7日に東京ドームで行われた「avex rave'93」。5万人を動員したこのイベントを、この年に刊行された書籍『告白は踊る』（角川書店）で小室自身はこう振り返っている。


このイベントのお陰で、多くの言葉で補足しなくても、「レイヴ」は一般用語として機能するようになっただろう。そして、日本で初めての大規模なレイヴとなったこのイベントは、ひとつの文化（カルチャー）的現象であった。

（中略）もし2000年12月に20世紀を振り返るテレビ特番などあれば、'93年の夏は涼しかったが、若い女性達は熱かった、なんてナレーションと共に扇子を持って踊る、お立ち台ギャルの映像が流れるかもしれない。その程度だろうが、それで十分だろう。現象としてはそれでいい。大事なのは、そこから何を読み取るか、だ。

小室とエイベックスは、単にヒット曲を作ろうとしていたわけではなかった。彼らが企んでいたのは、現象を作り、それによって新しいカルチャーを日本に根付かせるということだった。

エイベックスの挑戦

小室自身は、ｔｒｆがデビューした時点ですでに大きな成功を手にしたミュージシャンであり、音楽プロデューサーだった。

１９８４年に宇都宮隆、木根尚登と共に自身をリーダーとして結成したユニットＴＭ ＮＥＴＷＯＲＫでエピック・ソニーからデビュー。同時に作曲家としても活動を開始し、渡辺美里に提供した「My Revolution」（１９８６年）がヒット。さらに１９８７年にはアニメ『シティーハンター』主題歌の「Get Wild」でブレイクを果たし、翌年には紅白歌合戦にも出場。１９９０年に名義を「ＴＭＮ」としてからも、グループの人気は続いていた。

扉を叩いたのは、むしろエイベックスの側だった。つまり「EZ DO DANCE」の物語は、いわば松浦勝人の物語でもある。横浜の貸レコード店「友&愛」のアルバイト店員から一代で日本を代表するレコード会社を築き上げた創業者だ。

ちなみに、彼が経営に携わった当時の「友&愛」上大岡店の常連客にはダンス&ボーカルユニットＺＯＯのメンバーとしてデビューし、後にＥＸＩＬＥのリーダー、そしてＬＤＨの創業者となったＨＩＲＯ（五十嵐広行）もいた。

つまり90年代のエイベックスから10年代のＬＤＨに至る「ダンスミュージックのＪ－ＰＯＰ化」という大きな潮流の源泉は、横浜・上大岡の小さな貸レコード店にあったとも言える。

キーワードは「ディスコ」だった。

町田の小さなマンションの一室でダンスミュージックの輸入レコード卸業として始まったエイベックスは、90年代に入り、ユーロビートのコンピＣＤの制作、そして80年代を席巻した人気ディスコ「マハラジャ」を疑似体験できるという宣伝文句のコンピＣＤ

シリーズ『MAHARAJA NIGHT』を売り出し、徐々に市場を拡大していく。

1991年にはジュリアナ東京がオープン。後にバブルを象徴する表象となる「ワンレン・ボディコン姿で羽根つきの〝ジュリ扇〟を振って踊るお立ち台ギャル」のイメージと共に社会現象的なディスコブームを巻き起こす。エイベックスから発売されたそのコンピCD『JULIANA'S TOKYO』シリーズも10万枚を超えるセールスを実現した。

その頃に小室に出会った松浦が最初に持ちかけたのはTMNの楽曲をディスコ向けにカバーしたCDの企画だった。粘り強い交渉のすえ、アルバムは1992年9月23日に『TMN SONG MEETS DISCO STYLE』として発売される。

このアルバムの成功がtrfの構想につながった。

ダンサーの地位を変えた曲

trfは、ダンサーが主体で、YU-KIのボーカルとDJ KOOのDJがいるという奇妙な組み合わせです。

今では、それが普通になってしまってなんとも思わなくなっているけど、当時としてはものすごく異様なグループ構成でしたね。ボーカルがいて、バックダンサーがいるというのはあったにしても、ダンサーが主役だとか、なぜかDJまで一緒にステージにいるとか、当時ではあり得ない。見たことない。全部、小室さんの発想です。

（『NewsPicks』2018年7月8日公開）


松浦はこう振り返る。

ポイントはダンサーが主役であることだった。だからこそメンバーが重要だった。そこで小室が声をかけたのが、深夜番組『DANCE DANCE DANCE』（フジテレビ系）にて結成されたダンスグループMEGA－MIXのリーダー、SAMだった。

当時SAMは28歳。15歳でダンスに出会い、ディスコでダンサーチームを結成。アイドルグループとしてのデビューとその挫折を経て、「ダンサーがストリートダンスを仕事にして生計を立てる」ために身を賭していた。バレエやジャズダンスの基礎を習得し、その後単身NYにダンス留学。その頃にはすでにダンス教室で指導する〝大人〟の側にいた。

MEGA－MIXは「ダンサーとして有名になる」「歌手のバックでは踊らない」ということをチームの信念として強く持っていたストリートダンスのグループだった。踊っていた曲はヒップホップが中心で、trfがやろうとしていたテクノやユーロビートとはテンポからして違う。メンバーの中には違和感を持つものも多かった。しかしSAMは仕事として割り切ってそれを引き受ける。

とにかくダンサーの地位を上げたい。背景にはそういう思いがあった。後にSAMはこう振り返っている。

ダンサーといえば、バックダンサーのことだった時代。僕らがソロを踊っても照明を当ててくれなかった。小室さんにお願いして、ようやくピンスポットが来るようになりました。小室さんは「ダンサーのソロは、ギターのソロと同じ。ギター奏者にはピンを当ててるでしょ」と言ってくれました。

ダンサーの立場を、そういうところから変えてきました。(『産経ニュース』2017年4月30日公開)

小室もその意志を共有していた。1995年、音楽番組『TK MUSIC CLAMP』でのSAMとのトークで小室はこう語っている。

ｔｒｆをやろうと思った時から、そういったシーンを盛り上げたいという気持ちがあったね。（中略）ダンサーの人たちは僕の詞の世界に通じるところがあるんだよね。決してきまじめに生きてるとかじゃないけど、やりたいことに関してはメチャメチャ頑張るでしょ。もうなりふり構わず。だけど、なりふり構わないのにちゃんと格好よくて。自分のやることのためにはすごく気を遣ったりとか。そこらへんが今の自分の描きたい人に、すごく近いんだよね。

人気安定期に入っていたＴＭＮを続けるのではなく、新たな音楽シーンを開拓しようとしていた小室。レーベル初の邦楽アーティストをブレイクさせるべく奔走していた松浦。ストリートダンスを広めダンサーを職業として成立させようとしていたＳＡＭ。ｔｒｆの成功は、それぞれの挑戦が交わったところにあった。

「踊る君を見てる…」「君だけを見ている」

「EZ DO DANCE」のサビのフレーズからは、そんな思いの交差が伝わってくる。

誰もがダンスする時代へ

どんな栄華も、どんな狂騒も、やがては終焉を迎える。ヒットチャートをあれだけ席巻した「小室ファミリー」も、00年代に入ると存在感を失っていく。

TRFも1998年に小室プロデュースを離れてからCDセールスは徐々に低迷していた。00年代前半にはリリースも途絶え、グループとしての表立った活動は休止状態となる。

しかしTRFは終わらなかった。

それどころか、10年代に入り、再び表舞台で脚光を浴びるようになっていった。2012年には結成20周年を記念してエクササイズDVD『TRF イージー・ドゥ・ダンササイズ』をリリース。これがシリーズ累計350万枚を超える大ヒットとなる。DJ KOOは、その愛すべき独特なキャラクターもあって、テレビのバラエティ番組で引っ張りだこの存在になっていった。

なぜTRFは解散しなかったのか。DJ KOOはこう語る。

> メンバー一人ひとりが各々のシーンで実績を積んで活躍をしていた、元々プロ意識の高い集団でした。自分の考え方に基づいて、自分のやり方で実現する術《すべ》を持っていた、ある種の〝大人の集まり〟だったんです。だから皆変に力まず、自然体で付き合うことができたんだと思います。（『日経ビジネスオンライン「カンパネラ」』２０１６年1月29日公開）

『ＴＲＦ イージー・ドゥ・ダンササイズ』がヒットした２０１２年は、中学校の学習指導要領の改訂により、体育の授業でダンスが必修となった年でもある。本書の後半で取り上げる楽曲の数々も「踊る」ということがヒットの鍵になっている。

バブル絶頂期のディスコで踊っていたギャルたちも、ダンサーといえばバックダンサーだった時代の音楽業界を変えようと奮闘していたＳＡＭやＨＩＲＯも、おそらく１９９３年当時には「いずれ中学校の体育でヒップホップダンスを習う時代がやってくる」とは露程も思わなかっただろう。

そうして時代は少しずつ変わっていく。

６．自己犠牲から自分探しへ
——１９９４（平成６）年の「innocent world」（Mr.Children）

桜井和寿と小林武史

「曲を作った瞬間に『これは１００万枚売れる』と思った——」

Mr.Children のブレイクのきっかけになった「CROSS ROAD」（１９９３年）について、桜井和寿はこう語っている（『ロッキング・オン・ジャパン』１９９５年２月号）。

この時代の「１００万枚」というのは、すなわち「大衆に届く」というのと同じ意味の言葉だ。桜井は自身の音楽のターゲットを「中高生ではなく、映画館に大人料金で入る人たち」「ＯＬやサラリーマンのような、平凡な人たち」と語っている。

彼らは、当時としては珍しいほど、「売れる」ということに対して貪欲な意志を最初から持っていたロックバンドだった。大衆が共感する曲を誠意を持って作り、確固たる戦略を持ってそれを世に届ける。アルバム『EVERYTHING』（1992年）でデビューした22歳の時に、すでに桜井のヴィジョンは固まっていた。

小林武史との出会いも大きかった。小室哲哉と並んで数々のヒット曲を送り出し、2人のイニシャルをとって「TK時代」という言葉も生まれた、90年代を代表する音楽プロデューサーの一人だ。

3作目のアルバム『Versus』（1993年）までスマッシュヒットは出なかった。しかし勝算はあった。必要なのはタイアップ。CMの15秒で、ドラマ主題歌の数十秒でどれだけ勝負できるか。そこにドラマ『同窓会』（日本テレビ系）主題歌というチャンスが舞い込み、「CROSS ROAD」は狙い通りミリオンヒットを達成する。

輝かしいサクセスストーリー。しかし、ミスチルにとっての大きな転機になったのは、その次に作ったこの曲だった。

いつの日も　この胸に流れてる　メロディー
切なくて　優しくて　心が痛いよ

こう歌う「innocent world」（1994年6月1日発売）は、制作当初はもっとシンプルなラブソングだったという。タイアップが決まっていたアクエリアスのCMのイメージも盛り込んでいた。「様々な角度から物事を見ていたら自分を見失ってた」「入り組んでる関係の中でいつも帳尻合わせるけど」などの歌詞は、その段階では存在しなかった。しかし小林から一つの提案があった。注目されている時期だからこそ、誰にでも歌えるラブソングではなく、自分自身の胸の内を明かそう。自分にしか歌えない言葉を書こう。そうして完成した曲は前作を超える社会現象的なヒットを巻き起こす。

切ないが、前に進むのだ

「innocent world」は、1994年のオリコン年間シングルランキング1位。バンドはその後も「Tomorrow never knows」（1995年4位）、「シーソーゲーム ～勇敢な恋の歌～」（1995年5位）、「名もなき詩」（1996年1位）など、オリコン年間シングルランキングのトップ10に入る大ヒット曲を連発する。ミスチルが国民的バンドになったのは、明らかにこの曲がきっかけだった。

では「innocent world」は、時代の何を象徴する曲となったのか？

100万枚売れて、結局手に入ったのは印税と他人の目だった。

当時のインタビューで、桜井はブレイク後の実感をこう語っている（『ロッキング・オン・ジャパン』1995年2月号）。達成感はあった。しかし、手に入ったのは、別になくてもかまわないものだった。「売れる」という目標、タイアップ先の要請に応える職業作家的なスタンス、ロックバンドとしてのあり方、アーティストとしての探究心、いろんなものに絡まってこんがらがりながら、なんとか辻褄を合わせようとしている自意識を、そのまま歌にした。

1994年は、いよいよバブル景気の残り香も消滅し、のちに「失われた30年」と呼ばれる経済的な停滞が顕在化し始めた年だ。

日本社会から浮かれたムードは消えつつあった。その代わりに前景化してきたのは迷いや葛藤。「自分探し」という言葉がメディアを賑わすようになったのもこの頃のことだ。

「innocent world」はそういう時代の心性を象徴する一曲になった。

ミスチルの楽曲には、その後も「自分らしさ」をキーワードにした歌詞が頻出する。

知らぬ間に築いていた　自分らしさの檻の中で
もがいているなら　僕だってそうなんだ（「名もなき詩」）

自分のアイデンティティに迷いや葛藤を抱えながらも、あきらめず、屈することなく、挑み続ける。ミスチルの楽曲は様々なテーマやモチーフを描いてきたが、どの曲にも、どこかそういう「自分探し」と「挑戦」のトーンが通底している。小林は筆者のインタビューでそれを「切ないが、前に進むのだ」という言葉で言い表していた。

「切ないが、前に進むのだ」というような表現が、日本のメジャーシーンにはずっと変わらずある。かつて「innocent world」を手がけたとき、僕のなかに「これだったんだ」という気持ちが芽生えて。その「切ないが、前に進むのだ」という感覚には、今もみんなどこかで惹かれているように思います。（『CINRA.NET』２０１８年４月４日公開）

サッカーとミスチルの「国民的物語」

平成という時代は、サッカーが国民的な関心事となった時代である。

1993年、Jリーグが開幕。空前のブームを巻き起こす。1989年、ラジオ局J-WAVEの会議室の中で生まれた「J-POP」という呼称が世に広まった直接のきっかけがJリーグのブームだった。

ワールドカップに挑むサッカー日本代表の物語が始まったのもこの年だ。ロスタイムの失点でW杯本大会初出場のチャンスを逃した1993年、延長ゴールデンゴールで出場決定を果たした1997年。この2つの予選最終試合は深夜にもかかわらず平均視聴率48・1パーセント、47・9パーセントを記録。その劇的な幕切れはそれぞれ「ドーハの悲劇」「ジョホールバルの歓喜」として語り継がれた。

その後も2002年の日韓共催大会の66・1パーセントという記録的な数字を筆頭に、W杯でのサッカー日本代表の試合は、その年の視聴率ランキング1位となる高視聴率を記録し続ける。

哲学者のリオタールが『ポスト・モダンの条件』(1979年)において提唱したよ

うに、社会全体で共有される「大きな物語」が崩壊したのが、日本における平成という時代だ。

しかし1993年から25年にわたって「世界という高い壁に挑み続けるサッカー日本代表」というストーリーは、三浦知良、中田英寿、本田圭佑、香川真司など、その時々のキープレイヤーは変遷しつつ「ナショナル・ナラティブ（国民共通の物語）」として共有され続けてきた。

Mr.Children は、そのイメージに深くコミットしてきたバンドだ。

最も象徴的なのは「終わりなき旅」のこの一節だろう。

高ければ高い壁の方が　登った時気持ちいいもんな

この曲を愛するサッカー選手はとても多い。その代表が日本代表の中心人物となった名波浩と長谷部誠だ。長谷部は自著『心を整える。』（幻冬舎）で「終わりなき旅」を好きな Mr.Children の曲ベスト1に挙げている。

桜井自身も、この曲とサッカー日本代表との結びつきについて言及している。『別冊カドカワ総力特集 Mr.Children』(2004年)では「最も会って話してみたい相手」として日本サッカー協会会長(当時)の川淵三郎を指名。対談の中で、やはり「高ければ高い壁の方が　登った時気持ちいいもんな」という歌詞の一節が日本代表のロッカールームに掲げられていたということを嬉しそうに告げている。

根性から自分らしさへ

こうしてMr.Childrenとスポーツの関係性を考えていくと、彼らが昭和から平成にかけてどんな価値観を広めたのかが、見えてくる。

昭和の時代には「スポ根」という言葉があった。スポーツが象徴するような勝負の世界では、勝利のために「根性」が必要だというのが昭和の時代の価値観だった。

こうした根性論を象徴するヒット曲が、美空ひばり「柔」である。初めて柔道が正式競技に採用された1964年の東京五輪にあわせて作られ、その年の紅白歌合戦でも歌われたこの曲は、売上枚数195万枚を超えるひばりの代表曲だ。

行くも住《とま》るも　坐るも臥すも　柔一すじ　柔一すじ　夜が明ける

こう歌われる「柔」で描かれるのは、他の全てをなげうち、理不尽な仕打ちにも耐えながら勝利を夢見る主人公の姿だ。

しかし、そうした自己犠牲的な考え方は80年代を通じて徐々に古びて、スポ根の時代はいつの間にか終わっていった。そのかわり、平成の時代になって勝利のために必要になったのは「自分らしさ」だった。

2014年、ブラジルW杯の本大会で1分け2敗に終わった長谷部誠ら日本代表の選手たちは「自分たちのサッカーができなかった」と口にした。

世界の強豪国と戦うためには、日本の選手たちの強みを活かしたスタイルを確立する必要がある。そういう意識がその背景にあった。

そして、そういう思考は「アイデンティティに迷いや葛藤を抱えながらも、あきらめず、屈することなく、挑み続ける」というミスチルの楽曲のモチーフと共振するものだ。

サッカーに限らず、スポーツ選手の多くのインタビューでは「自分らしいプレイができた」という言葉は勝ったときの決まり文句になった。自分らしさを見失うと負け、自分らしさを獲得すると勝ちという感覚が根付いたのが平成の時代だった。

こうして、昭和の根性論を「自分探しの価値観」に書き換えたのがMr.Childrenと平成の日本のサッカー文化だったのである。

7．空洞化する時代と「生の肯定」
——1995（平成7）年の「強い気持ち・強い愛」（小沢健二）

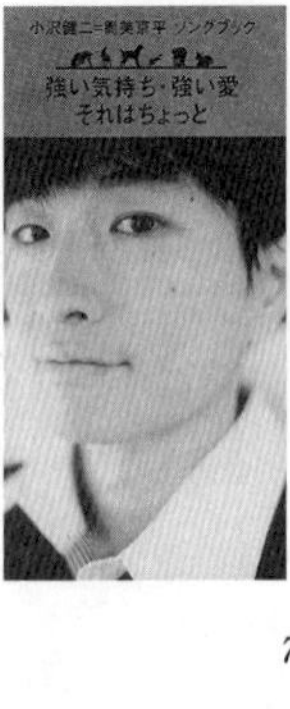

時代の曲がり角へ

平成とは、どんな時代だったのか。それが明らかになってきたのが1995年という年だ。

戦後50年の節目となったこの年は、日本の一つのターニングポイントだった。バブル崩壊からもしばらく引きずっていた昭和の高度経済成長期のムードが立ち消え、社会の空気が一変した。

きっかけになったのは阪神・淡路大震災と地下鉄サリン事件だった。1月17日に起こった阪神・淡路大震災の死者は6千人以上、負傷者は4万人以上。当時としては戦後最大規模の被害だ。そして3月20日、オウム真理教による事件が起こる。14人が死亡、負傷者は6千人以上を記録。都心の地下鉄で毒ガスを用いた同時多発テロ事件が発生したということも、その首謀者がテレビや雑誌にもたびたび登場し知名度の高かった新興宗教の教祖であったことも、世に大きな衝撃を巻き起こした。

兵庫銀行が経営破綻し、戦後初の銀行破綻となったのも1995年だ。「不良債権」という言葉は、単なる経済用語としてだけでなく、不況に陥った日本が抱える前時代からの負の遺産を示すメタファーとして使われるようになった。

この年を重要な転換点と位置づける社会学者も少なくない。大澤真幸は著書『不可能性の時代』（岩波新書）の中で、戦後日本を「理想の時代」「虚構の時代」「不可能性の時代」と区分し、1995年を1970年から続く「虚構の時代」の終わりと論じている。この年に『終わりなき日常を生きろ　オウム完全克服マニュアル』（筑摩書房）を上梓した宮台真司は、1995年を「社会の空洞化の始まり」と位置づける。

そんな1995年。小沢健二は、ある種の〝無敵〟状態にあった。喩えるならスターをとったマリオのように、キラキラと輝く光を放ちながら世を颯爽と走り抜けていた。

前年8月にセカンドアルバム『ＬＩＦＥ』をリリースした彼は、その多幸感に満ちたモードを引き継ぎ、次々と新曲を連発していた。

1995年には『カローラⅡにのって』『強い気持ち・強い愛／それはちょっと』『ドアをノックするのは誰だ？』『戦場のボーイズ・ライフ』『さよならなんて云えないよ』『痛快ウキウキ通り』という計6枚のシングルがリリースされている。

異例なハイペースで曲を発表し、音楽番組にもたびたび出演し、軽妙なトークを繰り広げていた。特に『HEY!HEY!HEY!』でのダウンタウンとのやり取りが注目を浴び、華奢なルックスもあいまって〝渋谷系の王子様〟としてメディアを席巻した。この年、小沢は紅白歌合戦に初出場を果たし「ラブリー」を歌っている。

しかし、その狂騒は長くは続かなかった。

翌1996年、小沢は、音楽性を一転させる。10月にリリースされたサードアルバム『球体の奏でる音楽』は全編ジャズコンボのアレンジによる静謐な一枚だ。そして1998年、シングル『春にして君を想う』をリリースした後、小沢は活動を休止。ニューヨークに拠点を移す。

この頃から、彼は長らく人前から姿を消している。『Eclectic』（2002年）や『毎日の環境学 Ecology of Everyday Life』（2006年）といったアルバムのリリースはあったものの、インタビューなどのメディア露出はおろか、本人の居場所すら定かでない時期が長く続いた。

つまり、小沢健二が「オザケン」として世間を賑わしていたのは、彼の長いキャリアの中のごく一部、ほんのわずかな数年間のことに過ぎない。

さらに言うなら、セールス面においては、決して小沢健二はトップアーティストと言える存在ではない。

1995年のオリコン年間シングルランキング1位は、DREAMS COME TRUE の『LOVE LOVE LOVE／嵐が来る』。2位には小室哲哉がプロデュースを手掛けダウンタウンの浜田雅功が歌った H Jungle with t の『WOW WAR TONIGHT ～時には起こせよムーヴメント～』。3位には福山雅治『HELLO』が続く。

4位と5位は Mr.Children『Tomorrow never knows』『シーソーゲーム～勇敢な恋の歌～』。6位以下にはやはり小林武史がプロデュースを手掛けた MY LITTLE LOVER の『Hello, Again～昔からある場所～』、桑田佳祐& Mr.Children 名義のコラボ曲『奇跡の地球《ほし》』が続く。

ドリカムは黄金期を迎え、小室ファミリーとミスチルがヒットチャートを席巻していた。この年の年間ランキングトップ10は全て150万枚以上のセールスを記録している。そんな中、『強い気持ち・強い愛』は年間92位。もっと売れた曲は他にも山ほどある。それでも、彼が残したインパクトは絶大なものがあった。

「生命の最大の肯定」

未曾有の天災と事件が相次ぎ、人々の価値観が大きく揺さぶられた1995年。小沢健二は「強い気持ち・強い愛」でこう歌っていた。

溢れる光　公園通り　新しい神様たちが　パーッと華やぐ魔法をかける
ああ　街は深く僕らを抱く！
強い気持ち　強い愛　心をギュッとつなぐ

小沢健二の楽曲には「神様」というキーワードが頻出する。たとえば『犬は吠えるがキャラバンは進む』（1993年、後に『dogs』に改題）に収録された「天使たちのシーン」にはこんな一節がある。

神様を信じる強さを僕に　生きることをあきらめてしまわぬように

『LIFE』はソウルミュージックの影響下にあるアルバムだ。きらびやかなホーンセクションやストリングスを配し、軽やかで楽しげなメロディを歌うポップソングが詰まっている。

その方向性は、単なる音楽のスタイルとしてだけではなく、ゴスペルに由来するソウルミュージックの宗教性とも深く結びついていた。『LIFE』や「強い気持ち・強い愛」などのシングルの歌詞には「生の肯定」というテーマが表現されていた。

たとえば、やはり1995年にリリースされた『さよならなんて云えないよ』には、こんな歌詞がある。

左へカーブを曲がると　光る海が見えてくる
僕は思う！　この瞬間は続くと！　いつまでも

かつて『笑っていいとも！』に小沢がゲスト出演した際に、タモリはこの一節を「生命の最大の肯定」と語り、絶賛している。「強い気持ち・強い愛」にもそうしたテーマを思わせる言葉がある。

長い階段をのぼり　生きる日々が続く
大きく深い川　君と僕は渡る

不況の中で不安が前景化し、多くの「死」が人々の記憶に強く刻み込まれた1995年、音楽の中で高らかに「生」を肯定したのが小沢健二だった。だからこそ、彼の存在は、時代の中で特別な輝きを放っていた。

2つの「今」に挟まれた25年

そして2019年、小沢健二は「強い気持ち・強い愛」と呼応するようなモチーフを持つ楽曲を発表する。13年ぶりのアルバム『So kakkoi 宇宙』の幕開けを飾る「彗星」だ。歌い出しにはこうある。

そして時は２０２０　全力疾走してきたよね
１９９５年　冬は長くって寒くて　心凍えそうだったよね

長らく沈黙を守っていた小沢健二が13年ぶりのコンサートツアー「ひふみよ」でライブ活動を再開させたのは２０１０年のことだった。２０１４年には最終回を目前にした『笑っていいとも！』のゲストとして16年ぶりのテレビ出演。２０１７年には19年ぶりのシングル『流動体について』をリリースし、フジロック・フェスティバルへの初出演も実現する。

アルバムは、こうして小沢健二がゆっくりと時間をかけ音楽シーンの最前線に「戻ってきた」軌跡を踏まえた作品だった。ソウルミュージックをベースにしたポップスという作風も『ＬＩＦＥ』の時期に通じるもので、特に「彗星」の軽快で饒舌な曲調は、「強い気持ち・強い愛」を彷彿とさせる。

なぜ、小沢はこの曲で「１９９５年」と「２０２０年」を対比させたのか。

筆者が取材を担当した『ＡＥＲＡ』２０１９年11月18日号のインタビューでは、楽曲の制作段階で彼が生活の拠点をニューヨークから東京へと移し、息子が日本の学校に通うようにもなったことを告げ、こう語っている。

当時自分が生きていた日本と今の日本の対比がすごく面白い。その間にみんなが生きてきたことをすごく感じたんですよね。だから、歌詞になってるのは1995年と2020年だけど、本当はその間のことを歌いたいし、捉えたい。日本に住むようになって、僕が住んでいなかった知らない日本の何を書けばいいのかが自然に生まれてきたんです。

「彗星」と「強い気持ち・強い愛」の歌詞には、共に「今」という言葉がキーワードとして登場する。

この2曲は、共に「長い人生の中で、ほんのわずかに訪れる完璧な瞬間」のようなものをモチーフにしている。まばゆい光に包まれるような、その記憶だけを抱えてずっと生きていけるような、すべてがむくわれるような瞬間のイメージだ。それが祝福の響きに満ちたサウンドに結びついている。

ただ、「強い気持ち・強い愛」の歌詞が「長い階段をのぼり　生きる日々が続く」と今から未来を見据えた描写になっているのに対し、「彗星」は「今遠くにいるあのひとを　時に思い出すよ」と、今から過去を振り返る言葉が歌われる。

つまり、二つの曲が描く「今という完璧な瞬間」の間には1995年から2020年までの25年が挟まれていることになる。「平成」という時代のほとんどだ。

では、その間にあったことを、どう捉えているのか。筆者の問いに小沢はこう答えた。

それは一言では言えないです。僕はその間、漠然と生きてきたわけじゃないので。すごく面白いものを見たと思っているけれど、一言では言えないですね。

世間的には沈黙期にあった00年代前半の小沢は、グローバル資本主義の中心地たるニューヨークで華やかなパーティーライフを送っていた。その後は、中南米やアフリカなど世界各国を巡り、南米の市民デモに参加するなど社会の歪みを現場で目の当たりにするような日々も過ごしていた。季刊誌『子どもと昔話』に連載されていた小説『うさぎ！』には、そうした体験を通して深めていった彼の思索が刻み込まれている。

２０００年代を嘘が覆い　イメージの偽装が横行する
みんな一緒に騙される　笑

「彗星」ではこう歌われる。

彼が綴った２０００年代の「嘘」とは何か。その間の日本に、何が起こっていたのか。

不況が前景化した90年代後半から、日本の状況をあらわす言葉として「失われた10年」という言葉がよく使われるようになった。その後「失われた20年」に引き延ばされた。平成が終わる頃、それは「失われた30年」となった。

「平《たいら》に成る」と書いて「平成」。そのほとんどは「失われた時代」であり「社会が空洞化していく時代」だった。

「全力疾走してきたよね？」

２０２０年、小沢健二はそう問いかけている。

8．不安に向かう社会、取り戻した自由と青春
──1996（平成8）年の「イージュー★ライダー」（奥田民生）

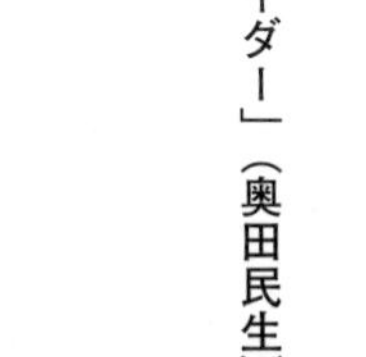

カウンターとしての「脱力」

1996年、奥田民生は、プロデューサーとして予想を上回る成功を手にしていた。彼が手掛けた大貫亜美・吉村由美によるユニット、PUFFYは、この年5月にデビューシングル『アジアの純真』をリリース。奥田が作曲とプロデュースを、井上陽水が作詞を担当したこの曲は、そのナンセンスな歌詞とゆるく脱力感に満ちた2人のキャラクターが脚光を浴び、ミリオンヒットを実現する。

当時を振り返ったインタビューで彼はプロデュースのきっかけをこう語っている。

やっぱり小室（哲哉）さんとか小林武史さんとかの活躍が始まった頃だったから、

ああいうことが自分にもできるのかどうかという感じですよね。「ああいうこと」って言っても、まあ違うっちゃ違うけど、やり方は別としても、その同じ土俵に出れるかどうかっていう――そういう衝動が出てきたっつうか。（『俺は知ってるぜ』ロッキング・オン）

前述したように、90年代のＪ－ＰＯＰは「プロデューサーの時代」だった。

その代表である小室哲哉の絶頂期は、１９９５年から１９９６年にかけて訪れている。安室奈美恵を筆頭に、華原朋美、ｈｉｔｏｍｉ、篠原涼子など彼が手掛けた女性シンガーの躍進が相次ぎ、さらに１９９５年８月には小室自身がメンバーに参加したｇｌｏｂｅがデビュー、翌１９９６年３月にはアルバムがリリースされ当時の日本記録となる４００万枚以上のセールスを達成。その年の新語・流行語大賞には安室奈美恵のメイクやファッションを真似した「アムラー」がランクインした。

小林武史も１９９５年から１９９６年にかけて様々なプロジェクトで一世を風靡している。Mr.Children を筆頭に、自身もメンバーとして参加したMY LITTLE LOVERが「Hello, Again ～昔からある場所～」でブレイク。１９９６年には岩井俊二監督の映画

『スワロウテイル』の音楽を手掛け、出演したＣＨＡＲＡがボーカルをつとめる架空のバンドYEN TOWN BANDをプロデュースし、「Swallowtail Butterfly ～あいのうた～」をヒットさせている。

２人のイニシャルから「ＴＫ時代」という言葉がメディアを賑わしていた１９９６年には、安室奈美恵と同じく沖縄アクターズスクール出身のダンス＆ボーカルグループ、ＳＰＥＥＤが「Body&Soul」でデビューしている。

Ｔシャツとジーンズ姿で気だるそうに身体を揺らしながら世に登場したＰＵＦＦＹは、明らかにこうした流行へのカウンターとして存在していた。

デビュー時から彼女たちのダンスの振付を手掛ける振付演出家の南流石は、２０１６年、デビュー20周年を迎えたタイミングの取材でこう語っている。

「アジアの純真」は、曲にしても、２人の個性にしても、衝撃でした。あの時代に注目されてたものと全く違うものを生もうとしているっていう衝撃と、そこに参加できるワクワクはすごかったですね。

ものすごく流行ってるものの反対側に、必ずそうじゃないものがある。流行っている方にいくとそのうち必ず古いものになっちゃうから、私は少数派へ、正反対の方に行く。

当時流行ってたダンスってカッコイイとは思うけど、マネはできないでしょ？　でも、ＰＵＦＦＹのは「こんな簡単なの？　じゃあうちらもできるじゃん」みたいな。

（『withnews』２０１６年4月8日公開）

「♪北京　ベルリン　ダブリン　リベリア　束になって　輪になって」という歌詞も、書いた井上陽水にはそのつもりは一切なかっただろうが、結果的に時代へのカウンターになった。

この時期に小室哲哉が書いたヒット曲の数々の歌詞の特徴は、固有名詞を使わず具体性を伴わない描写、そして頻出する感傷的な言葉にある。

「こんなに夜が　長いものとは想ってもみない程　寂しい」（安室奈美恵「Body Feels EXIT」）。「街中で居る場所なんてどこにもない」（華原朋美「I'm Proud」）。「凍える夜待ち合わせも出来ないまま　明日を探してる」（ｇｌｏｂｅ「DEPARTURES」）。楽曲には自立心と芯の強さを持ちつつ、心の中にさみしさを抱えた女性像が頻出する。彼自身、自らの作詞術について「僕は1人の女性の全く見えない孤独を歌詞にしてきたつもりです」と語っている（『モデルプレス』2015年8月5日公開）。

底の見えない不況に向かっていた90年代後半の日本では、ある種の不安な心性、強迫的なムードが社会を覆っていた。

だからこそPUFFYが体現していた「ユルい」姿はとても鮮烈だった。そして、それは奥田民生のイメージにも重なっていた。

30代の〝自由〟と〝青春〟

奥田民生は、「アジアの純真」でPUFFYがデビューした1ヶ月後、6月21日にシングル『イージュー★ライダー』をリリースしている。

当時のチャートアクションはオリコン初登場4位。センセーションを巻き起こしたPUFFYに比べると派手な結果を残したわけではない。

しかしこの曲は、その後もバラエティ番組『東野・岡村の旅猿 プライベートでごめんなさい…』など数々のテレビ番組やCMに起用され、長く愛され続け、奥田民生の代表曲として存在感を増していくこととなる。

僕らの自由を　僕らの青春を
大げさに言うのならば　きっとそういう事なんだろう

その理由は、やはり曲の持つ力にあったと言えるだろう。雄大で、地に足の着いたギターサウンド。力強いメロディ。情熱的でありつつ達観した歌詞の言葉。奥田民生のアーティスト性の真髄が表れた曲だ。

この曲を書いた当時、奥田民生は30歳。曲名の「イージュー」というのは業界用語で「30」のことだ。

30歳になった奥田民生は、なぜ「大げさに言うのならば　きっとそういう事なんだろう」と、もってまわった言い回しをしながら「僕らの自由」と「僕らの青春」を歌ったのだろうか。

ユニコーンでやってる頃は時間的にもあまり余裕がなくて、ドライブもできず、みたいな状況だったわけですが、バンドが解散して、釣りをするようになったり、車で一人で走ったりする時間もできてきて、こういう暮らしもいいなと。昔は時間がなくてできなかった趣味の部分ができ始めてる頃の曲ってことかなぁ。（『ラーメン　カレー　ミュージック』ＫＡＤＯＫＡＷＡ）

この曲が作られた背景を彼はこう語っている。ただ、彼は時間の余裕と趣味のことを言っているが、きっとそれだけではないだろう。

「イージュー★ライダー」とは、つまりは〝30代で取り戻した人生〟をモチーフにした歌だと筆者は捉えている。

その背景にあるものには、彼が直面してきたバンドブームとその後の音楽シーンの変化も大きい。

バンドブームの狂騒と、その後に訪れた充実

１９８７年、奥田民生はユニコーンのフロントマンとしてメジャーデビューを果たしている。当時22歳。彼らがブレイクしていく時期はまさに80年代後半のバンドブームの絶頂期だった。

そして、大槻ケンヂが当事者の一人として『リンダリンダラバーソール　いかす！バンドブーム天国』（メディアファクトリー）に書き記しているように、そのブームは、言ってしまえば「大人たちが才能ある若者の個性を右から左へと面白がり、次々と消費していく」あっという間のムーブメントだった。

ブームの象徴となった『三宅裕司のいかすバンド天国』（ＴＢＳ系）は１９８９年の開始からわずか2年足らずで放送を終了している。当時、ロックバンドが売れるには個性が必要だと考えられていた。そしてその個性とは、つまるところ「なんでもいいからとにかく目立つこと」だった。

こうしたバンドブーム時代の価値観について、桜井和寿による興味深い述懐を筆者は耳にしている。２０１８年、エレファントカシマシ、スピッツとMr.Childrenが共演したさいたまスーパーアリーナのライブのＭＣでの発言だ。

いわく、まだミスチルが前身バンドだった１９８８年にユニコーンやエレファントカシマシを輩出したＣＢＳソニー・オーディションを受けたことがあったのだという。最終選考の日本青年館まで行った。しかし結果は落選。納得が行かずソニーの担当者に電話をした時に言われたのが「個性が足りない」という一言だった、という。

そういう時代だったのである。

「当時はどうやって目立つかをいつも考えていましたね」と、ユニコーンに後から加入したABEDONは筆者の取材に答えて語っている（cakes「平成30年間のJ－POP」2018年9月26日公開）。ただ、その中で、派手な見た目でもキャラクター性でもなく、あくまで音楽で勝負しようとしていたのがユニコーンだった。

『服部』（1989年）や『ケダモノの嵐』（1990年）などセールス面でも成功をおさめ音楽的な評価も得た彼らは、しかし、1993年にアルバム『SPRINGMAN』を残し解散してしまう。

しかし、奥田民生が初のソロアルバム『29』とそれに続く『30』をリリースした1995年頃から、徐々に日本のロックバンドを巡る状況は変わりはじめていた。メジャーデビュー以降実力は認められつつも売上低迷に苦しんでいたバンドたちが続けざまにブレイクを果たしていく。スピッツが「ロビンソン」で、ウルフルズが「ガッツだぜ!!」で、ザ・イエロー・モンキーが「JAM」で成功を摑む。〝ブーム〟ではなく〝充実〟と言えるムードが漂い始める。

そういう1995年に30代となったのが奥田民生だった。彼はその感慨をこう語っている。

僕は早く30になりたかったから。なりたかったっつうか、期待してたので、30代にね。でもまあ、それはやっぱりバンドが解散して、ソロになるっていう状況が、その時は大きかったので。（中略）まあ、先行きが不安だけども、すごい楽しそうな感じがしてたんで……よかったよ（笑）。（『俺は知ってるぜ』）

こうした時代背景の中、奥田民生はバンド解散からソロでの成功を手にし、「自らの人生のハンドルを自分で握る」30代に突入した。「イージュー★ライダー」はそんな状況で書かれた一曲だった。そして、そこに込められた「先行きが不安だけども、すごい楽しそうな感じ」の実感は、1996年の日本の社会に、やはり鮮烈に響いていた。

9．人生の転機に寄り添う歌
——1997（平成9）年の「CAN YOU CELEBRATE?」（安室奈美恵）

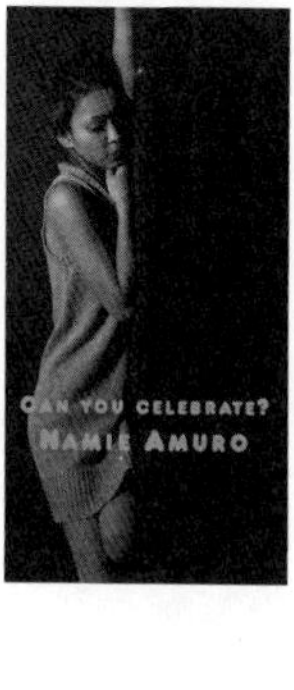

人気絶頂での結婚発表

1997年10月22日、安室奈美恵は結婚を発表した。20歳になったばかりだった。すでに妊娠していること、翌年の1998年の1年間は産休として完全に活動を休止することも宣言された。

彼女は後に、この転機、そして1年の休業期間をこう振り返っている。

イヤというほど自分と向き合う時間があったから、焦りや不安をコントロールできるようになれたし、今まで走ってこられたんだと思います。もし立ち止まることなく10代のままの速度で突っ走っていたら、どこかで息切れしてしまったんじゃないかな。

(『Numero TOKYO』２０１８年9月号)

突然の発表だった。スポーツ新聞は号外を出した。人気絶頂期にある女性アーティストが、いきなり交際、結婚、妊娠、そして長期休養を発表することは、異例のことだった。ましてや１９９７年は安室が時代のアイコンとして華々しいスポットライトを浴びていた時期である。

アルバム『SWEET 19 BLUES』が３００万枚以上を売り上げ、「アムラー」が新語・流行語大賞のトップテン入賞となった１９９６年を経て、１９９７年2月19日にリリースされたシングルが『CAN YOU CELEBRATE?』だ。

作詞作曲は小室哲哉。月9ドラマ『バージンロード』主題歌として、ドラマのプロデューサーだった栗原美和子の「小室流ウェディングソングを作ってほしい」(『CDでーた』１９９７年3月5日号)というオーダーのもと書き下ろされた。ドラマのオープニングでは出演する俳優たちの傍らで小室がピアノを弾き、安室が楽曲を歌い上げた。

セールスはダブルミリオンを超え、１９９７年のオリコン年間シングルランキング１位となった。２０２１年時点で、この曲は女性ソロアーティストの歴代売上１位。安室にとっても、小室にとっても、そして所属していたレコード会社のエイベックスにとっても、ＣＤシングルとしては最大のセールスとなっている。

この年には音楽業界の好景気もピークに達しようとしていた。１９９７年のＣＤシングル生産金額は１０３９億円と過去最高を記録している。「最もＣＤシングルが売れた年」のナンバーワンヒットは、まさに90年代という時代を象徴する一曲となった。

この年の大みそか、安室奈美恵は紅白歌合戦の紅組トリとして出演し、目に涙を浮かべながら「CAN YOU CELEBRATE?」を歌っている。

そして1年後。安室は再び紅白歌合戦に出演し、同じ曲をもう一度歌った。

「自分に素直に自由に生きる。歌手、妻、そして母として生きていく姿は、私たち女性に大きな勇気を与えてくれました。この1年間、あなたの登場を多くの人たちが心待ちにしていました。おかえりなさい」

司会の久保純子はそう紹介した。沢山の拍手に迎えられ、それを見た彼女が涙で歌えなくなる場面もあった。多くの人たちに、その光景は深く刻み込まれた。

それから約20年後の2017年9月20日。安室奈美恵は、40歳を迎えた誕生日の当日に、自身の公式サイトを通じて引退することを発表した。

最後にできる限りの事を精一杯し、有意義な1年にしていきたいと思ってます。

そう綴られた引退発表の言葉の通り、安室奈美恵は、自ら引退日と定めた2018年9月16日までの1年間で、オールタイム・ベストアルバム『Finally』を発表し、5大ドームツアーを行い、大きなセンセーションを世に巻き起こした。ベスト盤は230万枚を超えるセールスを果たし、2017年と2018年のオリコン年間アルバムランキング1位を記録する。

こうして、安室奈美恵は名実ともに「平成の歌姫」となった。

「最後は笑顔で！　みんな元気でねー！　バイバーイ！」

2018年6月。約80万人を動員したラストツアーの最終公演、東京ドーム。最後のMCで安室はファンへの、スタッフへの感謝を語り、マイクを握ったまま高々と両手を掲げ、笑顔でステージを降りた。

ちなみに、やはり人気絶頂期に結婚を発表して引退した「昭和の歌姫」山口百恵のファイナルコンサートでの最後の一言は「本当に、私のわがまま、許してくれてありがとう。幸せになります」だった。１９８０年10月の引退当時、年齢は21歳。あふれる涙に顔を濡らしながら「さよならの向う側」を歌い、白いマイクをステージの中央にそっと置き、静かに舞台裏へと去っていった。

山口百恵と安室奈美恵。共に時代を象徴する２人の歌姫の去り際を比べることで、昭和から平成へと、社会が、そして女性の生き方がどう変わっていったかを考えることができるのではないだろうか。

笑顔で終わりたい

安室奈美恵のデビューは１９９２年。当時はグループ「SUPER MONKEY'S」の一員だった。メンバー共通の夢は「故郷の沖縄でコンサートをやること」。それが叶ったのが、「安室奈美恵 with SUPER MONKEY'S」名義で活動するようになった１９９５年12月のことだった。

だからこそ、安室が引退前日の2018年9月15日、ファンと過ごす最後の場所に選んだのも沖縄だった。場所は初の沖縄凱旋ライブと同じ宜野湾市の沖縄コンベンションセンター。ラストツアー最後のMCの一言と同じく、「笑顔で終わる」というのが、彼女にとって大きなポイントだった。

歌で、笑顔で終わりたいなという場所が、沖縄だったのかな。笑顔で始まった場所でもあるので。（NHK『おはよう日本』2018年9月10日）

小室哲哉の初プロデュース作『Body Feels EXIT』がリリースされたのは1995年10月。小室は「出会った頃の奈美恵ちゃんは、今よりももっと、ほんとうにあまり喋らない子でした」（『FRaU』2017年12月号）と、当時を振り返っている。

売れっ子プロデューサーとして世を席巻していた小室だったが、安室を一目見た時から、歌とダンスに、そしてその佇まいに圧倒的な魅力を感じていた。ムーブメントの中心を担う人に出会ったという確信があった。プロデュースをするにあたっても、自分の色に染めるのでも、深く語り合って彼女の内面を掘り下げるのでもなく、その姿から想像した女性像を歌にした。小室はこう語る。

才能を引き出してもらったのは僕の方だと思っています。奈美恵ちゃんがいたから書けた曲ばかりで。彼女自身に、インスパイアをもらった部分がとても大きいんですね。（『FRaU』2017年12月号）

一方、スターダムを駆け上がっていったこの頃を、安室は「次々と与えられるものに必死で応えていく、まるで修行のような日々」（『Numero TOKYO』2018年9月号）と振り返る。

追い求めていたのは、可愛いよりもカッコいい女性像だった。デビュー前からの憧れはジャネット・ジャクソン。「周りが大人ばかりだったので『子ども扱いされたくない』と思っていた」（『SPUR』2018年9月号）という環境の中、他者に媚びたり可愛さや色気やセクシーさをアピールすることよりも、ジャネット・ジャクソンのように、強く、とんがった、カッコいい女性であろうとしてきた。そのせいもあってか、SUPER MONKEY'S時代から男性ファンよりも女性ファンのほうが多かった。

安室奈美恵が体現してきた、強く、自立した「カッコいい女性像」に、同世代や年下の女性たちが憧れ、夢中になった。

30歳で更新した「カッコいい女性像」

しかし、安室自身が女性として、アーティストとしての本当の意味での自立を獲得したのは、もっと後のことだ。

安室は10代の頃をこう振り返っている。

あの頃は、敷かれたレールが目の前にあった。だからその上をとにかく真っすぐ歩いていくという……他人事みたいな部分がありました。（『VOGUE JAPAN』２０１８年10月号）

転機になったのは、自分と向き合った1年の休業期間。そして小室プロデュースを離れセルフプロデュースの体制になった00年代以降の音楽活動だ。当初は迷いもあった。何をすれば正解なのかわからない。作詞に挑戦したこともあったが、しっくりこなかった。

その中で大きなターニングポイントとなったのはラッパーのＺｅｅｂｒａ、ｍ‐ｆｌｏのＶＥＲＢＡＬ、音楽プロデューサーの今井了介と組んだスペシャルユニットSUITE CHIC（スイート・シーク）としての活動だった。アルバム『WHEN POP HITS THE FAN』（２００３年）は、本格的なＲ＆Ｂ、先鋭的なヒップホップの方向性で新境地を開拓した１枚だ。

本作以降、「安室奈美恵」名義に戻った彼女は、貪欲に音楽的な挑戦を繰り返していく。Nao'ymt など信頼する音楽プロデューサーと共に同時代の海外のＲ＆Ｂやヒップホップやダンスミュージックのエッセンスを旺盛に取り入れるようになった。こうして制作された『Queen of Hip-Pop』（２００５年）は高い評価を集め、そして『ＰＬＡＹ』（２００７年）で7年ぶりのオリコンアルバムランキング１位を獲得する。

このとき、安室は30歳となっていた。この時期を彼女はこう振り返る。

SUITE CHIC での活動や、あの時期の出会いを通じて、「こうやって音楽を楽しむんだ」というのを再確認して、再び安室奈美恵と名乗ったとき、無意識にSUITE

CHIC の楽しさをそのまま引き継ぐことができたんです。（『VOGUE JAPAN』２０１8年10月号）

テレビの音楽番組にはほとんど出演せず、活動の軸をコンサートに置き、ダンスと歌に徹するパフォーマンスを繰り広げるようになっていったのもこの頃からだ。ＭＣを一切挟まず2時間ぶっ通しで歌い踊る姿には圧倒的な説得力があった。

誰かに敷かれたレールの上ではなく、自ら決めて選んだ道を歩み、パフォーマンスで魅了する。そのプロフェッショナルな姿勢や生き方を通して、以前とは違う意味で彼女は同世代や年下の女性の憧れとなっていった。

安室は自らの人生の転機を30歳だったと語っている。

30代が、もう本当に素晴らしく楽しい10年間だったんです。いろんなことが自由にできて。だから、ここから先はこの最高の10年をもとに歩いていけると感じているんです。（『ViVi』２０１8年8月号）

奥田民生が30歳で「イージュー★ライダー」を書き下ろし「僕らの自由を」と歌ったのと同じように、安室奈美恵も、やはり30歳で「自由」と「自分らしさ」を手にしていた。

本書で繰り返し書いているように、平成とは「自分らしさ」の時代だった。自己犠牲が美徳とされた昭和の価値観が少しずつ解体され、それぞれ個人の主体性が獲得されていく30年だった。

そういう意味でも、安室奈美恵は「平成の歌姫」だった。

人生の荒波を超えていく

「CAN YOU CELEBRATE?」は結婚式の定番曲だ。もともとウェディングソングを意図して書き下ろされた曲でもある。しかし、こうして安室の歌手としてのキャリアを振り返った上で考えてみると、より深い意味を歌詞から読み解くことができるのではないかと筆者は考えている。

安室はこの曲について、こんな風に語っている。

20代、30代、そして今。この歌は、歌う年齢によって、歌詞の重みも違って感じるし、ジーンとくる言葉もそのときどきで異なっていて。きっとこの先の40代、50代も、自分の成長や経験とともに、聴くたびに新しい発見のある曲じゃないかなと思う。
(『andGIRL』2018年8月号)

歌詞には、こんな言葉がある。

遠かった怖かったでも　時に素晴らしい
夜もあった　笑顔もあった　どうしようもない風に吹かれて
生きてる今　これでもまだ　悪くはないよね

「最もCDシングルが売れた年」のナンバーワンヒットは、人生に寄り添い、共に荒波を乗り越えていく曲でもあった。

10. hideが残した最後の予言
——1998（平成10）年の「ピンク スパイダー」（hide）

音楽シーンの特別な1年

1998年は、平成の日本のポップミュージック史における「特別な1年」だ。その理由は大きく二つある。一つは、この年が「史上最もCDが売れた年」であるということ。1998年の音楽ソフトの生産金額は6074億9400万円。1989年の3833億から約10年で1・5倍以上に膨れ上がった。

CDバブルの絶頂期。その売上を押し上げたのは数々のベスト盤だった。火をつけたのは前年の1997年10月に発売されたGLAYのベストアルバム『REVIEW-BEST OF GLAY』。これが当時の歴代1位だったglobeのデビューアルバム『globe』（1996年）を上回り400万枚を超える大ヒットとなる。さらにこの年には

B'zの2枚のベスト盤『B'z The Best "Pleasure"』『B'z The Best "Treasure"』が発売され、GLAYの記録をさらに塗り替える各500万枚のセールスを実現。また、松任谷由実『Neue Musik』、サザンオールスターズ『海のYeah!!』と、大物アーティストのオールタイム・ベストも200万枚を超えるセールスとなる。ベスト盤ブームは音楽業界に空前の活況をもたらしていた。

ただ、1998年を平成の日本の音楽史における「特別な1年」と位置づけるのは、単にCDが売れていたからだけではない。二つ目の理由は、この年が価値観の転換期だった、ということ。金融機関の破綻が続き就職氷河期が本格化し日本が不況の底に沈んでいた1997年から1999年にかけて、日本のポピュラー音楽の動向は大きなターニングポイントを迎えようとしていた。

その象徴の一つが、1998年に、宇多田ヒカル、椎名林檎、MISIA、浜崎あゆみ、aikoなど、その後の日本の音楽シーンを支えるアーティストたちが次々とデビューを果たしている、ということだ。

また、1997年から1999年は、オルタナティヴな感性と価値観を持ったロックバンドが次々とデビューを果たした期間でもあった。後続世代に大きな影響を与えたその代表が、くるり、ナンバーガール、スーパーカー。Dragon Ash、トライセラトップス、グレイプバインといった、その後20年以上第一線で活躍するバンドのデビューも1997年だ。

日本のフェス文化の黎明期もこの時期だ。フジロック・フェスティバルの初開催は1997年。台風により、2日目の開催中止を余儀なくされた初年度を経て、1998年には東京・豊洲で第2回が開催される。そこではベックやビョークなど海外のトップアーティストと、忌野清志郎や布袋寅泰やミッシェル・ガン・エレファントやブランキー・ジェット・シティがステージを共にした。Hi-STANDARDが主催するフェス「AIR JAM」が初開催されパンク・ロックやラウドミュージックの新たな潮流が生まれたのも1997年だ。

これらの環境の変化によって、それまで日本の音楽ファンやメディアの嗜好の中に〝目に見えない壁〟としてあった洋楽と邦楽の分断が溶け始め、海外と日本のアーティストの両方をフラットに愛好するリスナーが増えたのも、この頃だった。

一方で、1998年は、ロックバンドが本格的にJ-POPのメインストリームを制した年でもある。この年のオリコン年間シングルランキングの1位はGLAY『誘惑』。

L'Arc～en～Cielは『HONEY』『花葬』『浸食 ～lose control～』と同時発売したシングル3枚をいずれも大ヒットさせ、LUNA SEAは河村隆一のソロ作のヒットを経てバンド活動を再開。この年の紅白歌合戦にはGLAYが2度目の出場、L'Arc～en～CielとLUNA SEAが初出場を果たしている。

こうした数々のエポックメイキングな出来事のあった1998年。hideというアーティストは、こうした音楽シーンの様々な動きの〝ハブ〟のような位置にいた。GLAYを見出しスターダムに押し上げる一役を担うと同時に、国境を超えたロックの同時代性を体現しようとしていた。

洋楽と邦楽。ロックとJ-POP。メインストリームとオルタナティヴ。ポップスとハードコア。ヴィジュアル系の絶頂期とフェス文化の黎明期。hideは様々なカルチャーにリンクし、様々な壁を壊す稀有な存在だった。

hide with Spread Beaver名義で5月13日にリリースされた『ピンク スパイダー』は、この年のオリコン年間シングルランキング11位。もちろん、もっと売れた曲はある。しかし、時代のターニングポイントだった1998年を最も象徴するのは、この曲だったと言えるのではないだろうか。

最後の121日間

hideの1998年は1月1日、新聞の全面広告から始まった。

そこに記されていたのは、自らのバンド「hide with Spread Beaver」始動と、シングル『ROCKET DIVE』の発売告知。

前日の1997年12月31日にはX JAPANの解散コンサート「THE LAST LIVE~最後の夜」が東京ドームで開催されたばかりである。それは単なるリリースの告知だけでなく、X JAPAN解散の余韻を鮮やかに振り払い、いち早くネクストステージに飛び立つという高らかな宣言でもあった。

1月28日に『ROCKET DIVE』がリリースされた後、hideはLAに渡りアルバムのレコーディングに取り掛かる。そのリードシングルとして完成したのが『ピンクスパイダー』と『ever free』の2曲だった。

そして、この時すでにhideはもう一つのバンドのデビューアルバムのレコーディングを終えていた。元キリング・ジョークのポール・レイヴン、元プロフェッショナルズのレイ・マクヴェイと結成した3人組zilch（ジルチ）だ。アルバム『3・2・

1』は全編ほぼ英語詞で、サウンドは当時の英米のロックシーンの趨勢を意識したインダストリアル・ロック。リリース後の1999年には当時アメリカでシーンを席巻していたマリリン・マンソンとの対バンライブも予定されていた。

自身のメインプロジェクトのhide with Spread Beaverと海外志向のz:i l c hを共に始動させ、ヘヴィなギターリフとデジタルなサウンドが軸となる両者の音楽性を交錯させることで、洋楽と邦楽の垣根を壊そうとしていたのが、h:i d eの1998年の戦略だった。

h:i d eの全ての楽曲に共同プロデューサーとして携わったI.N.Aは、著書『君のいない世界～h:i d eと過ごした2486日間の軌跡～』（ヤマハミュージックメディア）の中で、z:i l c hのアルバム完成後にh:i d eが「このアルバムでグラミー賞獲ろう」と告げたことを明かしている。

シングルのリリースが5月に決まり、h:i d eは4月末にプロモーションのために日本に戻って雑誌取材や撮影や収録をこなす。そこでは、この先のプラン、そして「ピンク スパイダー」という曲をヒットさせることで日本の音楽シーンを変えようと企むギラギラとした意志が語られていた。

「5月にシングル2枚出て、7月にｚｉｌｃｈのアルバムが出るんです」（『音楽と人』1998年7月号）

「『ピンク スパイダー』はああいう曲だから、特に手をかけてやろうって思うよ。『ピンク スパイダー』をちゃんと売らないと僕自身がなくなっちゃうっちゅうか、『ああ、やっぱり俺が思ってる音世界というのは相まみえないいんだ』っていう結果に終わるかもしんないしね」（『ロッキング・オン・ジャパン』1998年6月号）

そして5月2日。テレビ番組やラジオ用のコメントを収録し、打ち上げを経て早朝に帰宅した後、ｈｉｄｅは急逝する。ドアノブにタオルを巻き付け、床に座り首を吊った状態で彼は発見された。

死後、I．N．Aを中心に残されたメンバーが作品制作を続け、hide with Spread Beaverのアルバム『JA,ZOO』は11月にリリースされる。

元日からの最後の121日間、ｈｉｄｅは一心不乱に音楽制作に打ち込み、精力的にプロモーションに取り組んでいた。

彼がなぜ死を選んだか。その答えは謎のままだ。しかし間違いなく言えるのは、彼が最後まで未来だけを見ていた、ということだ。

初のインターネット・アンセム

「ピンク スパイダー」が1998年を象徴する曲であることには、もう一つの理由がある。

それは、この曲が日本のポップミュージック史上初の「インターネットをテーマにしたヒット曲」であるということだ。

hide自身がそのことを明言している。

「ほら、WEBって蜘蛛の巣じゃん？　最近僕がエネルギーを使ってることっていったら音楽とWEBだったりするから。そこから〝今、何がポップなんだろう？〟と思ったらスパイダーだったの」（『UV』1998年5月号）

1998年はウィンドウズ98が発売され、ラリー・ペイジとセルゲイ・ブリンがグーグルを設立した年。インターネットはまだまだ黎明期だった。

ちなみに、日本だけでなく欧米各国においても1997～1999年にかけて「史上最もＣＤが売れた年」が訪れている。そして、同様の傾向を示しているのは音楽市場だけではない。日本の出版市場は１９９６年の２兆６５６３億円を、新聞の発行部数は１９９７年の５３７７万部をピークに、その後、20年以上の長期低落傾向を続けている。

すなわち、音楽も出版も新聞も含め、世界的にあらゆる20世紀型のメディア産業は90年代後半に一つのピークポイントを迎えていたことになる。

しかし、そのことをリアルタイムで実感している人は少なかった。ネット接続環境は整いつつあったが、それが文化と産業のあり方を塗り替え世界に人類史レベルの大きな変革をもたらすテクノロジーであることに気付いている人は多くはなかった。

さらに言えば、音楽業界は好景気の真っ只中である。次の時代の到来にワクワクしている人、その興奮や警鐘をポップソングの形にしようとしているミュージシャンはほとんどいなかった。

ｈｉｄｅは、その数少ない一人だった。

君は　嘘の糸張りめぐらし
小さな世界　全てだと思ってた

近づくものは　なんでも傷つけて
君は　空が四角いと思ってた
〝これが全て　どうせこんなもんだろう?〟
君は言った　それも嘘さ

「ピンク スパイダー」の歌詞は、きっと1998年よりも、ソーシャルメディアが普及しフェイクニュースとヘイトスピーチが猛威を振るうその20年後のほうが、リアルな共感をもって受け止められることだろう。

hideは、言うなれば「予言者」だった。

ある時、レコード会社のお偉方に「年をとったらどうするのか、いつまで化粧をしてやっていくのか」と訊かれたとき、彼はこう答えたという。


そのうちにCGで完璧なヴィジュアルのアーティストを作って、俺はいつの間にかフェードアウトしてて、でもhideっていう名前でやってるの。やってる音楽は俺が作ってるんだけど、いつの間にかすり替わってるんだ。(『Never ending dream

-hide story-』KADOKAWA）

その言葉も、後に現実化する。

2008年、東京ドームで行われたX JAPANの再結成ライブ「攻撃再開 2008 I.V.～破滅に向かって」では、hideはホログラムで登場。2014年には残されたデモを元にI.N.Aが中心になりボーカロイド技術を駆使して作られた新曲「子 ギャル」がリリースされる。2015年には横浜にオープンした3DCGホログラフィック専用劇場「DMM VR THEATER」のこけら落とし公演としてCGで再現されたhideが歌う「ピンク スパイダー」のライブも実現した。

2018年、X JAPANはアメリカ最大級のフェス、コーチェラ・フェスティバルに出演する。そこでもhideは3DCGホログラムで登場した。

彼の本名である「松本秀人」が死んだ後も「hide」は生き続けた。

それもやはり、彼が最後まで未来を見続けていたからだった。

生前最後のインタビューで、hideは「ピンク スパイダー」には続編があると言っていた。その曲がアルバム『JA,ZOO』に収録された「PINK CLOUD ASSEMBLY」。

おそらく「ASSEMBLY」はプログラミング言語のアセンブリと、「集会」や「会合」を意味する英語本来の意味のダブルミーニングだろう。そして「CLOUD」は「蜘蛛」と「雲」の同音異義語から生まれたモチーフだ。

この曲に秘められた予言についても、１９９８年ではなく、クラウド・コンピューティングが当たり前になった現在のほうが実感をもって受け止められるのではないかと思っている。

ｈｉｄｅは誰よりも先にインターネットの弊害に警鐘を鳴らし、誰よりも先にインターネット・アンセムを歌い上げたミュージシャンだった。

第二部　スタンダードソングの時代

――1999（平成11）年〜2008（平成20）年

11. 台風の目としての孤独
——1999（平成11）年の「First Love」（宇多田ヒカル）

800万人と1人

大晦日の夜は〝First Love〟というバラードの歌入れをしてた。パーティー中の友達から「ひかるなにしてんの？　早くおいでよ！」的な電話がたくさんかかってきた。なんだかすごく遠い世界に感じた。結局、スタジオで新年を迎えた。1999年だー。わーい。（『点 -ten-』EMI MUSIC JAPAN）

それは嵐の前の静けさだった。

1998年12月9日、宇多田ヒカルはメジャーデビューを果たす。当時、15歳。デビューシングル『Automatic/time will tell』は、オリコンチャートでは初登場12位（12cm

盤）。「デビュー曲がいきなり大ヒット」と語られることが多い宇多田ヒカルのヒストリーだが、実は、この時点でいきなり火がついたわけではない。

年末から年明けにかけて「Automatic」は徐々に世に広まっていった。まずはFMラジオ局でのヘビーローテーションがきっかけになった。普及しつつあったCS放送の音楽専門チャンネル、そして深夜テレビのスポットCMで、「Automatic」の中腰で踊るミュージックビデオの映像が流れ始めた。

そんな中、宇多田は毎日学校に通い、通学途中の吉祥寺や遊びにいく渋谷の街で自分の曲が流れているのを聞いて友達と素直に喜んだりするような、そんな普段どおりの日常を過ごしていた。

学校の友達には歌手やラッパーを目指す子が多く、みんな盛り上がってくれた。デビューしたという実感は全くなかった。まだ電車で通学してた。（『点 -ten-』）

しかし、1999年を迎えると、状況は急速に変わり始めた。多数の取材、テレビやラジオへの出演依頼が押し寄せた。2月にリリースされたセカンドシングル『Movin' on without you』の評判がそれをさらに加速させる。そして3月10日。デビューアルバム『First Love』が発売された。

このタイミングで世の中がひっくり返った。空前の大ヒットと共に、宇多田ヒカルの名前は「事件」になった。アルバムの初動売上は異例の200万枚超。ニュース番組や新聞が現象を取り上げ、ワイドショーや週刊誌がその姿を追い回した。15歳であること。帰国子女であること。藤圭子の娘であること。様々な情報が報じられ、一躍宇多田は時の人となる。

それは90年代から00年代への、主役交代の象徴だった。

拙著『ヒットの崩壊』(講談社現代新書)で行ったインタビューにて、小室哲哉は「宇多田ヒカルが僕を終わらせた」と、当時を振り返っている。

僕はヒカルちゃんが出てきた時に「時代が変わるんだろうな」って思いました。『Automatic』の時点で「やばいな、これ。次の来たな」って感じて。アルバムも案の定ものすごい枚数が売れた。でも、それと同時に「これ以上はCDの枚数は稼げないだろうな」という直感もあった。限界値、一つのピークに行き着いた感じがあったんです。

1999年の夏、アルバムの出荷枚数は800万枚を突破した。前年にGLAYやB'zがベスト盤で打ち立てた数字をはるかに上回る史上最高のセールス記録だ。そして、おそらく、この数字は今後も破られることはないだろう。

小室の言うとおり、宇多田ヒカルが成し遂げたCDセールスの数字は、拡大する音楽産業が一つのピークに行き着いたことの象徴でもあった。

しかし、この前人未到の数字に対して、宇多田は、とてもクールでフラットなスタンスをとっている。後のインタビューではこんな風に語られている。

800万人の人を感動させるのも、1人の大事な人を感動させるのも、癒すのも、ある意味、同じ実りなんじゃないかなあ。（『ロッキング・オン・ジャパン』2001年5月号）

孤独から生まれた祈り

1999年は喧騒の1年だった。ノストラダムスが「空から恐怖の大王が降ってくる」と予言した年だ。今では冗談のような話だが、子供から大人まで、半ば本気で世界の滅亡を信じている人も少なくなかった。ミレニアムの終わりを前に、終末論と、浮足立ったムードが、世の中を包んでいた。

そんな中で、大きなセンセーションを巻き起こしていたのが宇多田ヒカルだった。メディアが、大衆が、様々に騒ぎ立てた。

そうした喧騒の中で、本人の内面は湖の水面のように静かに澄み渡っていた。

そのアイデンティティは音楽の制作環境であるレコーディングスタジオで形作られた。宇多田は自らの原風景をこう語っている。

親はいつも私をスタジオに連れて行った。小学一年生の頃からスタジオで宿題をして、スタジオでご飯を食べて、スタジオのソファーで寝た。今でもスタジオはどこよりも落ち着く場所。いつ、どこの国でも同じような内装と照明と乾いた空気。静かな湖みたい。スタジオは平和。(『点 -ten-』)

宇多田は、嵐のような環境の中で育ってきた子供だった。

音楽プロデューサーの父と歌手である母は、何度も離婚と結婚を繰り返す特異な関係だった。前触れなしの転居も何度もあった。何が起こるかわからない家庭だった。

だからこそ「静かな湖みたい」な場所を求めていた。

宇多田は、2018年6月に放映された番組『SONGS』(NHK)内での又吉直樹との対談において、幼少期の経験が自らの作風に与えた影響を語っている。予測不能な日常の中で「安心したら傷つく」「何も信じないようにしよう」と考えるようになった。それでも消しきれない思いが、自らが綴る言葉に通底する「祈り」や「願い」や「希望」のような要素につながっていると語っていた。

また、同対談において宇多田は「12、3歳くらいまでは小説家になりたかった」と、子供の頃の夢を明かしている。「本の世界にいたかった。本の世界があって、そこで生きてたみたいな感じ」と、当時の毎日を語っている。


太宰治さんの、『人間失格』だっけ? 小学校の時に読んで、ずっと道化道化って

自分の事言ってて、みんなそうなんだあ！って思ったのね。（『ロッキング・オン・ジャパン』２００１年5月号）

転居を繰り返し、どんな国、どんな場所にいても、どこにも属していないような孤独を抱えていた。そんな毎日の中、本を読むことで、作者と心の中でつながった気がしていた。そして、沢山の人が同じ本から似たようなものを受け取っているということに思いを馳せ、そこに救いを感じていた。そうした幼い頃の体験が、宇多田のもう一つの原風景になっている。

最後のキスはタバコの Flavor がした
ニガくてせつない香り

この「First Love」の冒頭の2行が象徴するように、当時、宇多田の歌詞は「とても15歳が書いたとは思えない」と言われてきた。しかし、文学に居場所を見つけていたその来歴を考えると、改めてその作家性に納得がいく人は多いのではないだろうか。

「First Love」と「初恋」

２０１８年、35歳になった宇多田は7作目となるアルバム『初恋』を発表した。

その間には、「人間活動に専念する」としてアーティスト活動を休止した２０１０年からの数年間もあった。母・藤圭子の死もあった。２０１６年に発表された復帰作『Fantôme』は、亡き母への思いと、喪失を乗り越える過程が刻み込まれた一作だった。

デビュー20周年という節目の年に発表されたアルバムの表題曲「初恋」では、こんな言葉が歌われる。

もしもあなたに出会わずにいたら
私はただ生きていたかもしれない
生まれてきた意味も知らずに

このタイトルについて、前述の番組の中で宇多田は「『First Love』というヒット曲が過去にあったから『初恋』という曲にしようと思ったわけではない」と表面的な関連性を否定している。むしろ先に曲があって、そこから出てきたキーワードが「初恋」だった。その言葉は初めて人間として深く関係を持った相手を象徴するものだと言う。

「静かに頬を伝う涙が　私に知らせる　これが初恋と」と歌う「初恋」は、出会いの喜びを綴った曲。失恋の悲しみを歌う「First Love」とは対照的だ。しかし二つの曲には、運命の相手である〝あなた〟との、決して色褪せない心の深い部分での結び付きという共通するモチーフがある。

宇多田ヒカルの歌は、徹底して「個」の表現であり続けてきた。

だからこそ、宇多田ヒカルは特定の世代のカリスマにはならなかった。多数の「アムラー」を生み出した安室奈美恵や「女子高生のカリスマ」として同年にデビューした浜崎あゆみのように、女性たちの憧れの対象としてのアイコンにはならなかった。

どれだけ沢山のCDが売れようと、聴き手は「一対一」の親密でパーソナルな関係の中で、宇多田ヒカルの歌を受け取ってきた。

孤独な場所から生まれた「祈り」のような歌が、だからこそ、巨大なヒットになった。千年紀の最後に生まれた金字塔は、そういうタイプの曲だった。

12. 失われた時代へのレクイエム
――2000（平成12）年の「TSUNAMI」（サザンオールスターズ）

ミレニアムの狂騒の中で

1999年から2000年へ――。それは浮かれた年明けだった。年末には新しい千年紀の訪れを祝うカウントダウンイベントが世界各国で行われ、お祭り騒ぎが各地で繰り広げられていた。「ミレニアム」という言葉がブームになっていた。一方、西暦を下二桁で処理していたコンピュータが誤作動を起こし社会に深刻な影響を与えるかもしれないという、いわゆる「2000年問題」が不安視されていたのもこの頃だ。しかし結局、年が明けてみれば大した混乱も生じなかった。

そんな中、サザンオールスターズは、横浜アリーナで「サザンオールスターズ 年越しライブ1999『晴れ着 DE ポン』」と題したライブを行っていた。この時、新曲として初披露されたのが「TSUNAMI」だ。

1月26日にリリースされたシングルCDは発売3ヶ月で250万枚を突破。バンドとしての過去最高だった1993年の『エロティカ・セブン』を大きく上回るセールスを達成する。それどころか、この曲は、日本のポピュラー音楽史に残る記録的な一曲になった。

オリコン発表の歴代シングルランキングにおいて、『TSUNAMI』は子門真人『およげ！たいやきくん』（1975年）、宮史郎とぴんからトリオ『女のみち』（1972年）に続く売上枚数となる。本書で後述する『世界に一つだけの花』（2003年）が2016年に大きく売上を伸ばし300万枚を突破するまで、この曲は「平成最大のヒット曲」の牙城を守り続けてきた。

大衆音楽のバトンを受け取る

「やっとひばりさんの背中が見えました」

桑田佳祐は、2000年12月31日、『TSUNAMI』が日本レコード大賞を受賞した際の受賞コメントでこう語っている。

「ＴＳＵＮＡＭＩ」は、まさにサザンオールスターズが昭和の時代の美空ひばりに匹敵するような「国民的」という称号を獲得するきっかけになった一曲だった。

もちろん、サザンオールスターズはデビューからずっと人気バンドだ。しかも１９９８年から１９９９年にかけてはデビュー20周年のお祭り騒ぎが続き、ベストアルバム『海のYeah!!』は３００万枚を突破、１９９９年には初のドームツアーも実現した。

しかしその一方で、この頃は新作アルバムやシングルのセールス低迷に陥っていた時期でもある。様々な音楽的実験を詰め込んだ13枚目のオリジナルアルバム『さくら』（１９９８年）は過去作を下回る売上枚数となり、前作シングル『イエローマン～星の王子様～』（１９９９年）の売上枚数は10万枚ほど。バンドにとっても「ＴＳＵＮＡＭＩ」が捲土重来の一曲となったのは間違いない。

サザンオールスターズは60年代、70年代の洋楽をバックグラウンドに持つグループだ。海外への憧れが桑田自身の音楽的な志向を駆動してきた。しかし、桑田自身のルーツには少年時代にテレビやラジオを通して聴いていた歌謡曲が色濃くあった。その継承を掲げ、00年代以降、桑田は歌謡曲を歌い継ぐことを積極的に試みている。２００８年から3回にわたって開催してきた「ひとり紅白歌合戦」のライブはその代表だ。

2019年には映像作品『平成三十年度！ 第三回ひとり紅白歌合戦 ～ひとり紅白歌合戦三部作 コンプリートBOX～大衆音楽クロニクル～』が発売された。その初回限定盤に封入された『ひとり紅白歌合戦読本』内のインタビューにおいて、桑田はこう語っている。

洋楽にどっぷりと触れた後、年齢を重ねていくとなぜか一周回って、どうしても歌謡曲に辿り着くという、法則というか必然性のようなものがあって。（中略）遅ればせながら『歌謡曲ってヤツは凄いものだな』と、どこかで気付かされるようになるんです。（中略）日本の歌謡曲は実に偉大じゃないかと。誇るべきものであって、決して侮れないし、これからもう一度学ぶべきじゃないかって。

そして「ひばりさんの背中が見えました」というその言葉は、ある意味、桑田自身の意志表明の言葉でもあった。

映像作品のパッケージに「大衆音楽」という言葉を使ったのも、そうした意志の表れだろう。桑田佳祐は、美空ひばりや、昭和の時代を彩った数々の歌手たちから、大衆音楽の担い手としてのバトンを受け取った。「TSUNAMI」は間違いなくそのきっかけになった一曲だった。

では、なぜこの曲は、ここまでヒットしたのだろうか?

過ぎ去った輝きの時へ

センチメンタルなバラードの「TSUNAMI」は、「いとしのエリー」や「真夏の果実」などの代表曲を持つサザンオールスターズにとって、王道回帰の一曲だ。その背景には、1999年9月に新宿リキッドルームで行ったファンクラブ限定のシークレットライブ「'99 SAS事件簿 in 歌舞伎町」があった。デビュー以来となる小さな規模のライブハウスのステージに6人のメンバーだけで立ったことは、桑田佳祐にとって原点を見つめ直すきっかけになった。

ヒットを後押ししたタイアップの力も強かった。「TSUNAMI」はバラエティ番組『ウンナンのホントコ!』(TBS系)内のコーナー「未来日記」主題歌として書き下ろされた。『あいのり』や『テラスハウス』の先駆けとなる恋愛バラエティ企画は社会現象的な注目を集め、この番組からは他にも2000年のオリコン年間シングルランキング2位となる福山雅治「桜坂」やGLAY「とまどい」などのヒット曲を生んでいる。

ただ、単なる「原点回帰」と「効果的なタイアップ」だけでは、ここまでの記録的な現象は生まれない。そこには時代の空気と共振する何かがあったはずだ。

歌詞の中に〝津波のような侘しさ〟という言葉が出てくるんだけど、普通、津波のようなといったら、情熱、とかでしょ？　そこをあえて、侘しさとしていてね。ふとサーフィンのことを考えていたのもあるんですよ。サーファーは、死を覚悟で、そこにロマンチシズムを感じて、津波にも立ち向かっていくわけでしょ？　そのパラドックスはすごいなぁって。そんなこと考えているうちに、このフレーズが浮かんだんだけどね。（『WHAT'S IN? musicnet』２０００年2月号）

桑田佳祐はリリース時のインタビューでこう語っている。

この曲のポイントは、彼が語るとおり「侘しさ」だ。

単なるラブソングではない。「あんなに好きな女性に　出逢う夏は二度とない」「張り裂けそうな胸の奥で　悲しみに耐えるのは何故?」と、記憶の中で輝き続ける愛しい人への思いを歌い上げている。

そして「津波」というのは、押し寄せて盛り上がる情熱のメタファーではない。失ってしまった大切なものへの慕情が「TSUNAMI」という曲の大きなテーマになっている。そのことが、新たなミレニアムの到来に浮かれる裏側で、大衆の中に過去への追想のムードが去来していた00年代初頭の時代の空気を捉えたのではないかと思う。

桑田が「死を覚悟して津波に立ち向かっていくサーファーのロマンチシズム」を楽曲のモチーフの一つに語っていたのも、とても印象的だ。

そして、2011年3月11日、この曲の持つ意味は大きく変わる。

その日に起こった東日本大震災は、津波による甚大な被害を日本にもたらした。沢山の命が失われた。その日以来、テレビやラジオでこの曲が流れることは激減した。

特に被災地のラジオ局はその後何年も葛藤を抱え続けた。

東日本大震災を機に開設され2016年3月に閉局した宮城県女川町の「女川さいがいFM」でパーソナリティーをつとめてきた佐藤敏郎は、2019年3月のNHKニュースの取材に応え「災害の歌でもなんでもないっていうのはわかっているんだけれども。

正直な気持ちからすれば、かけたくなかった」と、リクエストに応えられなかった当時の気持ちを語っている（『NHKニュースWEB』2019年3月25日公開）。

桑田自身は、2012年3月10日放送のラジオ番組『桑田佳祐のやさしい夜遊び』の中で「被災された方や遺族の中にはファンもいた。この曲を歌うモチベーションにはつながらなかった」「いつか悲しみの記憶が薄れ、曲を歌ってくれという声があれば、復興の象徴として歌える日が来たらいいと思っています」と語っている。

震災後の10年間、サザンオールスターズはこの曲を公の場で歌っていない。

被災地のラジオ局のアナウンサーが語るように、この曲は、決して「災害の歌」ではない。しかし単なる失恋の歌というわけでもない。

「TSUNAMI」は、過ぎ去ってしまった輝きの時を愛しく思うノスタルジアの歌だ。その奥底には、いわば、消えていくもの、朽ち果てていくものへのレクイエムのような響きがあった。だからこそ、時代の中で「悲しみの記憶」とも深く結びついた。そして、大衆の心をとらえ、多くのものが失われていった平成という時代を象徴するような一曲になったのである。

13. 21世紀はこうして始まった
——2001（平成13）年の「小さな恋のうた」（MONGOL800）

9・11と不意のブレイク

2001年9月11日、アメリカ東部時間8時46分。ニューヨーク金融街の中心地にそびえ立つワールドトレードセンター・ノースタワーにアメリカン航空11便が激突した。緊急ニュース速報が世界中にその一報を伝え、テレビ番組は予定を急遽変更して黒煙を上げるビルの映像を生中継で伝えた。

その17分後。今度はユナイテッド航空175便がサウスタワーに激突。爆発し炎上する航空機、ビルに燃え広がる炎、上階に取り残され窓から外をうかがう人々、崩壊する2つのビル、粉塵と瓦礫に包まれる街並み——。未曾有のカタストロフを世界中の人たちがリアルタイムで目撃した。

まるで映画のようだ。最初は呆然とそう感じた人も多かった。しかし現実は容赦なかった。ワールドトレードセンターに続き、ハイジャックされた3機目の航空機がアメリカ国防総省に激突する。事故ではなくテロリズムであることは疑いようもなかった。戦争が始まる。その確信が瞬時に広がっていった。ジョージ・W・ブッシュ大統領はテロ攻撃をアメリカに対する戦争行為だと宣言した。同年10月にはグローバルなテロとの戦争を掲げてアメリカがアフガニスタンに侵攻。２００３年にはイラク戦争が開始される。

こうして、21世紀が始まった。

上江洌《うえず》清作《きよさく》は、当時、大学生だった。9月11日の夜は、地元・沖縄の居酒屋で友人の誕生日を祝っていた。店のテレビでビルに飛行機が突入する様子を目の当たりにした。

近くの米軍基地でサイレンが鳴り出して、厳戒態勢みたいになって、誕生会はそこで中止。それどころじゃない、帰りましょう、と。(『withnews』２０１９年5月27日公開)

上江洌はこう振り返る。

その5日後の9月16日。彼が儀間崇《ぎまたかし》、高里悟《たかざとさとし》と１９９８年に結成したバンドMONGOL800は、2枚目のアルバム『MESSAGE』をリリースした。

大掛かりな宣伝は何もなかった。発売元は沖縄県宜野湾市のイベンターが立ち上げたインディーズレーベル「ハイウェーブ」内の「TISSUE FREAK RECORDS」。当初はメディアからの注目もほぼゼロだった。しかし、曲を聴きつけた広告代理店からの熱心なアプローチのすえライオンの洗剤「トップ」のCMに起用された「あなたに」が、このアルバムに収録されていたことをきっかけに火がついた。問い合わせが相次ぎ、年を越えてアルバムは売れ続けた。

「モンパチ」の名はあっという間に全国区になった。そして『MESSAGE』の3曲目に収録されていた「小さな恋のうた」は、シングル化こそされなかったものの、「あなたに」と並んで彼らの代表曲となった。シンプルな、童謡のようなメロディを沢山の人が口ずさんだ。

アルバムがオリコン週間ランキング1位となったのは２００２年4月。同作はインディーズで初めてオリコンチャートで首位を獲得したアルバムとなり、結果、累計２８０

万枚以上のセールスを記録した。

全ては楽曲の力だった。

「そんなに売れているという当事者意識がなかった」(上江洌)

「通っていた徳島の大学の学食とかでモンパチの話をしている人がいるんだけど、僕のことが分からない。だから過ごしやすかった」(高里)

「車の整備士になると思っていたし、ミュージシャンになろうと話し合ってなったわけではない。流れですね」(儀間)(『琉球新報Ｓｔｙｌｅ』２０１８年1月11日公開)

ブレイク直後の時期を彼らはこう振り返る。

バンドはマイペースな態勢を守り続けた。メジャーレーベルへの所属も、紅白歌合戦への出場も断った。沖縄から東京に拠点を移すこともなかった。そうして20年以上、活動を続けてきた。

そのスタンスは、ロックバンドがブームに踊らされることなくキャリアを重ねていくようになった00年代以降の音楽シーンの一つの象徴でもある。

なぜ、彼らにはそれが可能だったのか？

道を作ったハイスタ

MONGOL800はパンクロックバンドである。もともとブルーハーツとHi-STANDARD（＝ハイスタ）のコピーから始まった沖縄の高校の同級生3人組だ。

時代を変えたのはハイスタだった。彼らの代表作『MAKING THE ROAD』のタイトルが示すように、文字通り、彼らは「道を作った」バンドだった。いわゆるメジャー予備軍としてのインディーズではなく、ロックバンドが本当の意味でインディペンデントな活動を貫く基盤を築き上げたバンドだった。

影響を受けたのは海外のパンクバンドたちのＤＩＹな思想とスタイルだ。ＮＯＦＸのファット・マイク率いる「FAT WRECK CHORDS」から1ｓｔアルバム『GROWING UP』（１９９５年）をリリースしたハイスタは、当初からアメリカのパンクシーンと地続きの価値観を持ったバンドだった。

１９９７年にバンド主催で初めて行われた野外フェス「ＡＩＲ ＪＡＭ」の影響力も大きかった。出演バンドは当時ほぼインディーズ所属ながら、動員は1万人を記録。同年に初開催されたフジロックと共に、日本に野外ロックフェスの文化を根付かせる端緒にもなる。

そして、現象を決定的にしたのが、1999年のアルバム『MAKING THE ROAD』だった。自身が設立した「PIZZA OF DEATH RECORDS」からリリースした本作は国内外合わせて100万枚以上の売上を記録した。

ハイスタとAIR JAMの成功は、その後のロックシーンの土壌を耕す役割を果たした。だからこそ、00年代から10年代にかけても、ELLEGARDENや10-FEETなど、マスメディアの力を借りずとも確固たる支持を集め続けるバンドが後に続いたわけである。

そして、モンパチも、ハイスタからバトンを渡されたバンドの一つだった。

俺たちも、ハイスタとライブできたらいいよねっていうのが取り急ぎの夢だったんで、それがファースト作る前にかなっちゃって、これから先どうしようって（笑）。

（『音楽主義』2013年9月号）

上江洌がこう語るように、まだ音源もリリースしていなかった頃のモンパチを『MAKING THE ROAD』ツアーの沖縄公演のオープニングアクトに抜擢したのがハイスタだった。

一方、ハイスタは千葉マリンスタジアムで過去最大規模の「ＡＩＲ ＪＡＭ ２０００」を成功させたあと、実質的に活動休止状態に入る。

モンパチが頭角を現した背景には、間違いなくハイスタの存在があった。そして、彼らの作った「道」があったからこそ、無名の存在からブレイクを果たしあれだけのメガヒットを成し遂げたバンドが、その後の狂騒に飲み込まれず、インディペンデントな活動を続けていくことができたと言っていいだろう。

変わらない日本、変わらない沖縄

アルバム『MESSAGE』のヒットが一段落した後も、「小さな恋のうた」は、バンドの手を離れ、ひとり歩きを続けた。10年以上にわたってカラオケ曲の定番としてランキングの上位になり、様々な歌手にカバーされた。

通信カラオケＤＡＭ（第一興商）が２０１８年末に発表した「ＤＡＭ平成カラオケラ

ンキング」では、「小さな恋のうた」は1位の「ハナミズキ」に続いて2位となっている。90年代のミリオンヒットの数々を差し置いて、平成で最も歌われた楽曲の一つとなった。

ほら　あなたにとって大事な人ほど　すぐそばにいるの
ただ　あなたにだけ届いて欲しい　響け恋の歌

歌詞にはこんなフレーズがある。シンプルなメロディで、わかりやすいストレートな言葉が歌われる。だからこそ、楽曲は長く愛され続けた。しかし、多くの人に純朴で真っ直ぐなラブソングだと思われているこの曲に本当に描かれていることを知る人は、あまりいない。

アルバム発売が米同時多発テロの1週間後だったのはちょっと不思議、気持ち悪いなと思った。書いている内容がリンクして。（『琉球新報Ｓｔｙｌｅ』２０１８年1月11日公開）

上江洌はこう語っている。
書いている内容の何が「リンク」したのか。アルバム『MESSAGE』は、米軍基地のある沖縄で暮らしてきた彼らの目線から、素朴な言葉で、戦争と平和について歌った一枚でもあった。

すべての国よ　うわべだけの付き合いやめて
忘れるな琉球の心　武力使わず　自然を愛する（「琉球愛歌」）

矛盾の上に咲く花は　根っこの奥から抜きましょう
同じ過ち繰り返さぬように　根っこの奥から抜きましょう
そして新しい種まこう　誰もが忘れてた種まこう
そしたら野良犬も殺されない　自殺するまで追いつめられない
どこの国もやさしさで溢れ　戦争の二文字は消えてゆく（「矛盾の上に咲く花」）

上江洌が「気持ち悪い」と感じたのも当然だろう。「琉球愛歌」や「矛盾の上に咲く花」のように、ある種の理想主義的なロマンティシズムで「戦争のない未来」を歌い上げた曲を収録したアルバムを作ったら、その発売直前に「新しい戦争の幕開け」となる同時多発テロ事件が起こったわけである。

そういうアルバムに収録された楽曲が「小さな恋のうた」だった。そう考えると、なぜこの曲に「小さな」という形容詞が冠されているのかがハッキリする。それは、国家や戦争や自然環境といった「大きな」ものをその背後に意識しているからだ。そのうえで、目の前にいる「あなた」との関係だけにフォーカスを絞ったラブソングだからだ。

本書の冒頭に書いたように、平成の30年間は、日本という国を、ゆっくりと、しかし確実に、変えてきた。流行歌はその変化に寄り添い、あるときは予兆のように響いてきた。

しかし当然、変わらない現実もあった。その一つが、「小さな恋のうた」の遠景にあった、沖縄とアメリカだった。

14. ＳＭＡＰが与えた「赦し」

――２００２（平成14）年の「世界に一つだけの花」（ＳＭＡＰ）

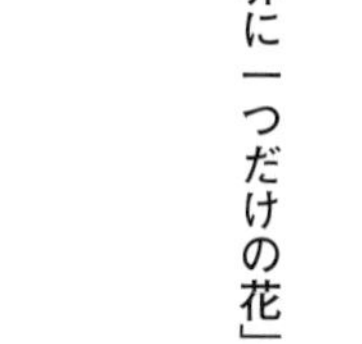

社会が揺らぐとき、歌にはどんな力があるのか

「デモテープを聴いて、ほんとに鳥肌が立ったのを覚えてる。でも、あんなに世の中の方たちに受け入れてもらえるとは思わなかった」

木村拓哉は「世界に一つだけの花」を最初に耳にしたときのことをこう振り返っている（ＴＯＫＹＯ ＦＭ『木村拓哉の What's UP SMAP!』２０１２年11月23日放送）。結果的に３００万枚を超えるセールスを記録し、名実ともに平成を代表する歌となったこの曲。しかし、当初はシングルとしてリリースされる予定は全くなかった。ＳＭＡＰのメンバー５人も、周囲のスタッフも、誰もここまでのメガヒットは予想していなかったはずだ。

曲が作られたのは、２００２年７月24日リリースのアルバム『SMAP 015/Drink!

SMAP!』の制作が大詰めになっていた頃だった。楽曲提供の依頼を受けた槇原敬之は「Ｗｏｗ」という別の曲を提案していた。しかし曲は不採用となり、急遽別の曲を書き下ろさなければならなくなった。ただ時間はない。〆切は差し迫っていた。
槇原は、この曲が「降りてきた」と言う（『ノンストップ！』フジテレビ系、２０１８年4月30日放送）。「サーフィンのように、後ろから波がワーってやってくる感じがしたんです」と語っている（『文藝春秋』２０１９年2月号）。ある朝、自宅で寝ていると、ふと「曲が書ける」という直感を得た。情景が絵のように次々と頭の中に思い浮かび、それを文字に書き起こした。

花屋の店先に並んだ　いろんな花を見ていた
ひとそれぞれ好みはあるけど　どれもみんなきれいだね
この中で誰が一番だなんて　争うこともしないで
バケツの中誇らしげに　しゃんと胸を張っている

それがそのまま歌詞になった。書き上げるのに20〜30分、トータルでも1時間はかかっていないという。

当初からメンバーの思い入れは強かった。ファンからの人気も高かった。2002年7月から11月にかけて行われた「SMAP'02 "Drink! SMAP! Tour"」では、本編のラストにこの曲が披露されている。

ただ、この曲が世に大きく広まったのは翌2003年のことだ。きっかけは、1月に放送が開始した草彅剛主演のドラマ『僕の生きる道』(フジテレビ系)の主題歌に起用されたこと。レコード会社にはシングルカットの要望が多数寄せられ、それを受けてメンバーの歌唱パートを入れ替えた『世界に一つだけの花(シングル・ヴァージョン)』が2003年3月5日にリリースされる。

反響は絶大だった。もちろん当時のSMAPはすでに日本を代表するトップアイドルだ。「夜空ノムコウ」や「らいおんハート」などのミリオンヒットもあった。しかしこの曲が日本社会に与えたインパクトは、芸能やエンタテインメントの枠を超えたものになった。

背景にはイラク戦争の渦中にある当時の政治情勢があった。

この曲のテレビCMでは「もし、世界中のすべての人が、ありのままの自分を好きになれたら、戦争なんてなくなると思う」というメッセージをメンバー5人が読み上げた。イラク戦争開戦前夜の3月7日夜、SMAPがニュース番組『NEWS23』（TBS系）に出演した際には、アメリカや日本での反戦運動の模様が放映された後にこの曲が紹介され、キャスターの筑紫哲也は「これは反戦歌だと思う」と語った。

そして2003年の紅白歌合戦。SMAPは初の大トリをつとめた。その演出も、特別な意味合いを込めたものだった。

ステージに白いスーツ姿の5人が立つ。「皆さん、目を閉じて2003年を思い出してください」と木村拓哉が告げると、中居正広が「今年、世界中で沢山の尊い命が失われました」、稲垣吾郎が「また、目を覆いたくなるようなこともたくさんありました」と続ける。草彅剛が「僕たちに今、何ができるでしょうか？」と問い、香取慎吾は「みんながみんな全ての人に優しくなれたら、きっと幸せな未来がやってくると信じています」と語る。そして「世界に一つだけの花」を歌った。

筆者は、この曲が直接的な〝反戦歌〟だとは考えていない。歌詞にも戦争にまつわる明示的な表現はないし、MONGOL800「小さな恋のうた」や後述する一青窈「ハナミズキ」と違い、楽曲のモチーフの背景に戦争やテロリズムがあったわけでもない。

ただ、重要なのは、この曲が「そう受け止められた」ということだ。それはつまり、SMAPが単なるアイドルグループというよりも、もっと社会的な存在として見られたということを意味する。ポイントは「僕たちに今、何ができるでしょうか？」という問いかけだ。

社会が揺らぐとき、歌にはどんな力があるのか——。

平成を通して、たびたびそんな問いに向き合ってきたのがSMAPというグループだった。

たとえば1995年1月20日。阪神・淡路大震災の直後に出演した『ミュージックステーション』（テレビ朝日系）で、彼らは予定されていた新曲を変更し「がんばりましょう」を歌っている。たとえば2011年3月21日。東日本大震災後初の放送となる『SMAP×SMAP』（フジテレビ系）では「いま僕たちに何ができるだろう」と題した緊急生放送を行い、被災者への思いを語り「がんばりましょう」と「世界に一つだけの花」を歌っている。その後も彼らは被災地への訪問や支援を続け、義援金の募集は同番組が終了するまで続いた。

2016年、グループの解散危機が報じられると、今度はファンが大きく動いた。誰に指示されるでもなく『世界に一つだけの花』のシングル購買運動が巻き起こった。結果、この年だけで40万枚を売り上げ、サザンオールスターズの『TSUNAMI』を抜いてCDシングルとしては歴代1位のセールスとなった。

SMAPは、平成という時代を最も象徴するグループだ。筆者はそう考えている。その理由は単なる人気やセールスの数字だけではない。1988年の結成から2016年の解散まで28年間、国民的グループとして、最も光のあたる場所で日本社会の変化に寄り添い続けたのが彼らだったのである。

〝平成のクレージーキャッツ〟に

SMAPは、決して順風満帆の道を歩んできたグループではない。1991年9月9日リリースのデビュー曲「Can't Stop!! -LOVING-」はオリコン週間ランキング初登場2位。少年隊や光GENJIなどデビューから首位を獲得しセンセーションを巻き起こしたジャニーズ事務所の先輩グループに比べると物足りない結果だ。その後のシングルも売上枚数は苦戦が続いた。

背景には『ザ・ベストテン』などの歌番組が軒並み終了していたことがあった。歌謡曲の時代が終わり、アイドルがゴールデンタイムに歌を披露する場はテレビから失われていた。デビュー曲の首位獲得を阻んだのはその年に13週連続1位を記録したCHAGE&ASKA「SAY YES」だ。ヒット曲の生まれる道筋が変わっていた。

過渡期の時代に船出をしたグループが活路を見出したのがお笑いやバラエティ番組の世界だった。

「SMAPを〝平成のクレージーキャッツ〟にしたい」

ジャニーズ事務所社長（当時）のジャニー喜多川は、彼らのデビュー当初からそんな意向を持っていた。新しいドリフターズにしたいと考えていた。歌だけでなく、コントもできるグループ。『シャボン玉ホリデー』のクレージーキャッツから『8時だョ！全員集合』のザ・ドリフターズへと受け継がれた、テレビバラエティの世界で「音楽×お笑い」のエンタテインメントを体現する国民的グループだ。

SMAPの「育ての親」として知られる担当マネージャー飯島三智の尽力もあり、彼らのスター性はドラマやバラエティ番組を通じて大きく花開いていった。木村拓哉や稲垣吾郎は俳優として「月9」ドラマで主演をつとめ、中居正広や香取慎吾や草彅剛は『笑っていいとも！』にレギュラー出演し、90年代半ばにはテレビで彼らの顔を見ない日はないほどの人気者になっていった。

そしてSMAPは数々の象徴的なヒット曲を世に送り出してきた。ブラックミュージックやクラブミュージックに通じる洗練されたサウンドを追求しつつ、歌詞では親しみやすくフランクな日本語の言葉が歌われるのがその特徴だ。

グループ初のオリコン1位を記録した1994年の「Hey Hey おおきに毎度あり」は、全編関西弁の歌詞で「いまだバブリーな やつらはなぁー 借金してもかっこつけよる!」と当時の世相を窺わせる一曲。同じく1994年の「がんばりましょう」は、低血圧で寝癖だらけの朝の描写から始まり「かっこわるい 毎日をがんばりましょう」と歌う曲。いわゆる応援ソングなのだが、熱く燃え上がる試合や勝負のシチュエーションではなく、ゆるく他愛ない日常の情景を描いていることに大きな意味がある。

女性ファンだけでなく、同年代の男性の共感を集め支持される存在になったのもそれ以前のアイドルグループとの違いだろう。初のミリオンヒットとなった「夜空ノムコウ」はその象徴だ。「あのころの未来に ぼくらは立っているのかなぁ…」「あれからぼくたちは 何かを信じてこれたかなぁ…」という歌詞の言葉は、長い不況に突入し低迷する社会の中で先行きの見えない日々を過ごしていた当時の若者たちの思いを代弁するような響きを持っていた。

大衆の心の負荷を取り除く

「世界に一つだけの花」のヒットは、そうしたSMAPの歩みの延長線上にあった。

NO.1にならなくてもいい　もともと特別なOnly one

あまりにも有名になったこのサビのフレーズも、SMAPが歌ったからこそ強いメッセージ性を持ったと言えるだろう。ナンバーワンになれなかったことから始まり、5人がそれぞれの場所で個性を活かして活躍することで人気者になっていった足跡。オートレーサーになる夢を叶えるために脱退した森且行の存在。彼らのキャラクターが歌詞とリンクした。

槇原敬之は、曲の着想に仏教の教えがあったことを語っている。

この曲は、お釈迦様が生まれてすぐに語ったとされる「天上天下唯我独尊」という言葉から着想を得ているんですよ。

僕は最初、このお釈迦様の話を聞いたとき、「俺がこの世で唯一無二の存在であり、ナンバーワンだ！」と言っていると思ったんです。でも、それは違うんだと。「この宇宙に私の命はたった一つだけで、それはあなたも同じ」ということをお釈迦様は言いたかった。そう考えたら、「一つしか存在しないもの同士、尊敬の気持ちで人と人がつながりあっていけるだろう」という教えなんです。

『文藝春秋』2019年2月号に掲載されたいきものがかり・水野良樹との対談で、槇原はこう語っている。

水野は同対談の中で「当時の世の中って、それまで追いつけ追い越せという競争社会だったのが、『いや、それは違うんじゃないか』と、多くの人が気付き始めた時期でした」と語っている。この一節が昭和から平成への価値観の変化を象徴し、それゆえに大衆性を持ち得たと位置づけている。

一方、槇原は「世界に一つだけの花」は万人の共感を狙って作られた曲ではなく、こめられているのはあくまで「個」としての一人ひとりに向けたメッセージだと言う。

歌が必要な人たちって、非常にパーソナルでディープなところにいたりするじゃないですか。『世界に一つだけの花』も、もともとはそういう人たちに向けた曲です。

槇原自身は明言していないが、おそらく、彼の言う「そういう人たち」には様々な立場のマイノリティも含まれているはずだ。

筆者は、SMAPが本当の意味で「平成のクレージーキャッツ」になったのは、この曲が生まれてからだと考えている。

クレージーキャッツの代表曲に「スーダラ節」がある。爆発的なヒットで植木等を昭和の国民的スターに押し上げた一曲だ。

分っちゃいるけど　やめられねぇ

陽気なメロディに乗せてこう歌う「スーダラ節」。生真面目な性格だった植木等は、当初、青島幸男が書いた歌詞を見て「こんな歌を歌っていいのだろうか」と悩んだという。浄土真宗の僧侶である父の植木徹誠に相談すると、「それが人間というものなんだ」と諭された。「分っちゃいるけどやめられない」は親鸞の教えに通じる真理だ、自信を持って歌いなさいと励まされたという。

有名なエピソードだ。

そこから考えると、「スーダラ節」と「世界に一つだけの花」には、時代を超えた共通点を見出すことができる。仏教の教えと関連を持つこの2曲は、共に〝赦し〟の曲だ。「分っちゃいるけどやめられない」も「もともと特別なオンリーワン」も、どちらも人々の胸の内側に優しく入り込み、心の負荷を取り除く一節だ。だからこそ求められ、広まり、そして時代の象徴となった。

ヒット曲はときに、時代の中でそういう役割を果たす。

15.「新しさ」から「懐かしさ」へ
——２００３（平成15）年の「さくら（独唱）」（森山直太朗）

会議室で歌うことから始まった遅咲きのブレイク

ＳＭＡＰの「世界に一つだけの花」のＣＤシングルが大々的に発売された２００３年３月５日、もう一つの平成を代表する曲が、ひっそりと店頭に並んだ。

森山直太朗のシングル『さくら（独唱）』の初回プレス枚数はわずか１２００枚。オリコン週間シングルランキング初登場は80位だ。森山直太朗は前年の10月にミニアルバム『乾いた唄は魚の餌にちょうどいい』でメジャーデビューしていたが、そちらも世間の反応はほぼ無風。収録曲の「さくら」をシングルカットすることは決まっていたが、当時は事務所にも所属しておらず、所属レコード会社のスタッフにも名が知られていないような状況だった。プロモーション予算も極めて少なく背水の陣だった直太朗が始めたのが、九州から北海道まで、ギター1本を抱えてディレクターと二人三脚で全国のレコード店や地元のラジオ局に挨拶して回ることだった。

ラジオ局の番組にも簡単に出られるレベルじゃないから、会議をしてるとこにノックして『おじゃまします』ってギター持って入って。『すいません、お仕事中』って言って歌うという。（『森山直太朗大百科』ぴあＭＯＯＫ）

名刺を渡して会議室で歌うところから始まった地道なキャンペーン活動は、全国に少しずつ支持を広げ、結果、大きなセンセーションを巻き起こす。オリコン週間ランキングでは登場5週目でＴＯＰ10入り、9週目にして1位を獲得。楽曲の力、歌の持つ力が大きな波紋となって広がっていった。筆者の取材に応え、直太朗は当時の状況をこう振り返っている。

歌を歌うことで目の前の人を説得していくしかないという状況だったのは確かでした。だから、あの曲が本当に完成したのはレコーディングの後のような気がします。

ＣＤの白盤を持って全国行脚して、コミュニティＦＭの編成会議みたいなところで歌わせてもらうところから、とにかく一日何十回も歌って歩いてきた。地域の人たちとのふれあいを経て、曲を育ててもらったと思う。一緒に苦労を分かち合った曲だから、やっぱり思い入れが深いのは当たり前ですよね。（『リアルサウンド』２０１９年11月20日公開）

森山直太朗は１９７６年生まれで、デビュー当時は26歳。森山良子を母親に持ち、大学時代から共作者の御徒町凧と路上で歌い始めていた。２０００年には舞台への出演をきっかけにＶ６の井ノ原快彦と出会い、デビュー前から氣志團の綾小路翔、宇多田ヒカルらとも親交が深かった。そうした環境も含めて考えると、２００３年のブレイクは「遅咲き」と言っていいだろう。

デビュー前の状況を、御徒町はこう語っている。

当時にライブハウスでいろんな人に言われたのが「いいかもしれないけど時代遅れ」ということで。要は「これは売れない」みたいなことを遠まわしに言われた経験がすごくあるのね。俺自身も「まあ、そりゃそうだろうな」って思ってた。でも、俺は日本語の響きっていうのに魅せられてたのね。日本語はそもそも美しい響きを持っていて、直太朗はそれを体現できる稀有な人だという期待値があった。その実験の場だった。（『森山直太朗大百科』）

なぜ「時代遅れ」と言われていた森山直太朗が「さくら（独唱）」で成功を摑んだのか。ヒットの背景からは、時代の空気感の変化を読み解くことができる。

「涙そうそう」と森山良子

90年代のJ-POPが「ミリオンセラーの時代」だとするならば、00年代は「スタンダードソングの時代」だ。

これまで本書で見てきたように、90年代は流行歌の主役が次々と入れ替わっていく時代だった。ビーイング系、渋谷系、ヴィジュアル系などなど、数々の「○○系」という言葉がメディアを賑わせた。小室哲哉や小林武史がプロデューサーとして脚光を浴びた。ミリオンセラーが次々と生まれる、華やかで移り気な時代だった。

90年代後半は海外の音楽シーンとの同時代性を打ち出すアーティストが次々と登場し脚光を浴びた時代でもあった。ＵＡ、ＭＩＳＩＡ、ｂｉｒｄなど数々の女性シンガーがブレイクを果たし、Ｒ＆Ｂのスタイルがメインストリームで大きく受け入れられるようになったのもこの頃だ。ヒップホップも一気に支持を拡大した。Dragon Ash「Grateful Days」（１９９９年）でフィーチャリングに参加したＺｅｅｂｒａが放った「俺は東京生まれＨＩＰＨＯＰ育ち　悪そうな奴は大体友達」というリリックは、その象徴になるパンチラインだった。

だからこそ、そんな90年代後半に、森山直太朗は「時代遅れ」だった。

母親である森山良子や、友部正人、家によく遊びに来ていたという玉置浩二などをルーツに掲げる彼。60年代から70年代のフォークや歌謡曲から連なる彼の志向性は、当時の潮流から明らかに浮いていた。

しかし、そうしたムードは、00年代に入って、少しずつ変化を見せ始める。海外のムーブメントをいち早く取り入れリズムとサウンドの「新しさ」を打ち出す曲よりも、日本語の響きを前面に打ち出し朗々と歌い上げ「懐かしさ」を感じさせるスタンダードソングのヒットが目立っていく。

カラオケの人気曲に変化が生じるのも00年代に入ってからだ。90年代のカラオケ年間ランキングは、ほぼその年にリリースされた楽曲が上位を占めていた。しかしこの頃から、過去に発売された曲が何年も年間ランキングの上位に位置するようになる。カラオケにおける流行歌の消費が「最新のヒット曲を歌う」ことから「定番のスタンダードソングを歌うこと」へと変わっていくのがこの頃のことだ。

そうした変化の象徴として挙げられる一曲が「涙そうそう」だろう。

この曲は、そもそもは森山良子の曲だ。最初に世に出たのは1998年のこと。自身が作詞し、沖縄のライブで親交を深めたBEGINに作曲を依頼、アルバム『TIME IS LONELY』収録曲として発表された。しかし当初は全く話題にならなかった。2000年にはBEGINがセルフカバーしシングルとしてリリースするが、これも大きく広まることはなかった。

火がついたきっかけは、夏川りみによるカバーだった。石垣島で生まれ育ち、10代で演歌歌手・星美里としてデビューするも成功に恵まれず、一度沖縄に戻っていた彼女。再起をかけて「夏川りみ」名義で再デビューした翌2000年、沖縄サミットのテレビ中継で同郷のBEGINがこの曲を歌っているのを耳にする。自分もこの曲を歌いたいと熱望し、BEGINに直談判してカバーが実現。こうして2001年3月にリリースされたシングルは、有線放送のリクエストなどが後押しし1年以上の時をかけて支持を広げ、ロングヒットとなる。

これを受け、2002年に夏川りみはBEGINと共に紅白歌合戦に初出場を果たす。翌年の2003年には森山良子も歌唱に加わり、「さくら（独唱）」で初出場を果たした森山直太朗との親子共演も実現する。

そこには、不思議な巡り合わせの糸が、何重にも絡まっていた。

カバーブームはどのようにして生まれたか

00年代を「スタンダードソングの時代」と位置づけることのできるもう一つの理由は、カバーソングへの注目の高まりにある。

その潮流を作ったアーティストの一人が小田和正だ。

2001年、小田は「アーティストがお互い認め合えるような、まったく新しい音楽番組」を目指し『クリスマスの約束』という番組企画を立ち上げる。企画は桑田佳祐、松任谷由実、山下達郎、宇多田ヒカルなどに自筆で出演依頼の手紙を書くことから始まった。しかし、初年度はゲストの出演は実現せず、小田自身がこれらのアーティストのカバーを歌う形式で放送された。この番組が好評を集め、翌年以降も継続していったことが、一つのきっかけとなった。

「名曲を歌い継ぐ」というシンプルな演出、そしてオリジナルに新たな光を与える小田のパフォーマンスによって、カバーソングの価値が再発見された。70年代から00年代まで幅広くセレクトされた選曲は、90年代以降のJ－POPをそれ以前の歌謡曲やニューミュージックの歴史と再接続するような意味合いも持っていた。

90年代の「ミリオンセラーの時代」の幕開けを飾った小田和正は、00年代の「スタンダードソングの時代」を用意した立役者でもあったのである。

2002年は、その後長く続くカバーブームの幕開けとも言える年だった。この年6月には福山雅治によるカバーアルバム『「福山エンヂニヤリング」サウンドトラック『The Golden Oldies』』がリリースされ50万枚以上のセールスを実現。島谷ひとみがヴィレッジ・シンガーズのカバー「亜麻色の髪の乙女」でブレイクを果たしたのも2002年だ。平井堅は、やはり2002年にリリースされた童謡のカバー「大きな古時計」で初のオリコン1位を獲得している。

夏川りみが「涙そうそう」を歌い、島谷ひとみが「亜麻色の髪の乙女」を、平井堅が「大きな古時計」を歌った2002年の紅白歌合戦は、いわば、カバーソングがヒットし、リバイバルの潮流が前面化していた時代の空気を体現するようなラインナップだった。

「史上最もCDが売れた年」である1998年からたった4年で、流行歌をめぐる状況は確実に変わっていた。「さくら（独唱）」のヒットの背景には、そんな必然があったのである。

「桜ソング」の功罪

そして、「さくら（独唱）」は、その後の「桜ソング」ブームの起点にもなった。

「僕らはきっと待ってる　君とまた会える日々を」「さらば友よ　旅立ちの刻」と歌う「さくら」は、森山直太朗の原風景から生まれた曲だ。彼が通っていた成城学園の通学路にあった桜並木の情景がモチーフだという。春の別れと旅立ちをテーマにした楽曲だ。

直太朗自身にブームを作ろうとする発想は全くなかっただろう。しかし、この曲がヒットした2003年頃から、同じようなテーマやモチーフを用いた曲が如実に増え始める。同じく2003年には河口恭吾が「桜」でブレイク。2005年にはケツメイシの「さくら」、そして2006年にはコブクロの「桜」が、それぞれ一年を代表するヒット曲となる。

結果、00年代の後半には〝さくら〟〝桜〟〝SAKURA〟などの言葉をタイトルに含み、春の季節にリリースされる「桜ソング」が急増。いわば「桜バブル」とも言える状況を呈するようになっていった。

こうした「桜ソング」ブームに加えて、00年代後半には徳永英明『VOCALIST』(2005年)のヒットにより前述したカバーブームがさらに拡大していく。そうした趨勢は、レコード会社の制作者たちが手堅い売上を狙い、冒険しなくなったことの象徴でもあった。

混沌としての平成

詳しくは後述するが、00年代後半は音楽が「退潮していく」時代でもあった。CDの売上が徐々に落ちていっただけではない。こうやってメディアと業界によって仕掛けられたブームの前景化によって、ヒット曲から多様性が失われていく時代でもあった。

2019年10月、森山直太朗はシングル『さくら（二〇一九）』をリリースした。ドラマ『同期のサクラ』（日本テレビ系）主題歌のオファーを受け、新たな形でレコーディングした一曲だ。

自身の代表曲が再びリリースされたタイミングで森山は筆者の取材に応え「平成とはどういう時代だったと思いますか？」という問いに、こんな風に応えている。

平成はいろんなものを淘汰する時代だったと思います。昭和に残してきた負の遺産もあったし、バブルの浮かれた中で何でもありみたいな時代になったこともあった。誰かがやめようって言い出さないとやめられないものもいっぱいあった。そういういろんな問題は、これからの時代の中で解消していくわけで。昭和が混乱だとしたら、平成は紛れもなく混沌で、その混沌からどう抜け出していくかが令和だと思います。

（『リアルサウンド』2019年11月20日公開）

「いろんなものを淘汰する時代だった」というその言葉には、変化する時代の中で歌い続けてきた彼の実感が強くこもっている。

16.「平和への祈り」と日本とアメリカ
——2004（平成16）年の「ハナミズキ」（一青窈）

ミリオンセラー時代の終わりと、平成で最も歌われた曲の誕生

2004年、日本のポピュラー音楽の歴史は一つのターニングポイントを迎える。この年のオリコン年間シングルランキング1位は平井堅『瞳をとじて』。売上は83・4万枚。100万枚には届かなかった。シングルCDのミリオンセラーが一つもない年は1989年以来15年ぶりのことだ。

「史上最もCDが売れた年」となった1998年以降も、CDバブルの余韻はしばらく続いていた。これまで述べてきたように、2003年まではシングルCDの売上枚数記録を更新するヒット曲も実際に生まれていた。しかし、その一方で市場の退潮は着実に進んでいた。「ミリオンセラーの時代」の終わりとして、いよいよそのことが誰の目にも明らかな形で可視化されたのがこの年だったと言える。

ＣＤが売れない——。

それはインターネットの普及による構造的な変化だった。そして音楽業界はその潮流に上手く対応できなかった。最大の失策となったのが、２００２年に違法コピー対策を目的として導入したＣＣＤ（コピーコントロールＣＤ）だ。消費者のみならずミュージシャンからも反発を受けたこの規格は、２００４年に撤退の方向に向かっている。著作権法改正の議論の中で輸入盤の販売が規制されようとしていたことも批判を集めた。

実はぼくは２００４年という年は「ＣＤ永眠の年」として記憶されると思っているのだ。もうＣＤ自体がなくなろうとしている時に、ＣＣＤでも輸入盤規制でもないだろう。もう手遅れだよ。（『先見日記』２００４年５月９日）

２００４年５月、坂本龍一はウェブ上の日記コラムにこう記している。彼が暮らしていたアメリカでは、すでにアップルがiTunes Music Storeのサービスを開始していた。違法コピーやファイル交換ソフトが世界中で横行し、有料音楽配信がその対抗策となると信じられていた。一方、日本では携帯電話に向けた「着うた」や「着うたフル」の市場が急激に拡大しつつあった。こうした状況をまとめた書籍『だれが「音楽」を殺すのか?』(翔泳社)をジャーナリストの津田大介が上梓したのもこの年だ。

この頃から音楽業界は下り坂の道を長く歩み続けることになる。

一青窈の『ハナミズキ』は、そんな2004年の2月11日にリリースされている。オリコン年間シングルランキングは30位。もっと〝売れた〟曲は沢山あった。しかし、平成という時代を通じて、この曲以上に〝歌われた〟曲は他にない。

徳永英明やMay J.ら数々の歌手にカバーされることで、楽曲は長く浸透していった。カラオケでも歌われ続けた。第一興商が2018年11月に発表した「DAM平成カラオケランキング」の1位は「ハナミズキ」。続く2位にMONGOL800「小さな恋のうた」、3位に高橋洋子「残酷な天使のテーゼ」という並びになっている。

00年代は、ヒットの尺度が変わっていく時代だった。瞬間風速的なCDシングルの売上ランキングが徐々に存在感を失っていく一方で、長く歌い継がれる楽曲にフォーカスが当たるようになっていった。「ハナミズキ」は、そんな「スタンダードソングの時代」を最も象徴する一曲と言えるだろう。

9・11が生んだ2つのヒット曲

「ハナミズキ」という曲について語る上で最も重要なポイントは、これがアメリカ同時多発テロ事件を直接的なモチーフにして書かれた曲だということだ。一青自身がインタビューや対談などで繰り返しそのことを語っている。

当時友人の男の子がニューヨークに住んでいて、9・11の被害にあって「家がなくなった、砂埃だらけ」というメールが来たんです。（『週刊文春』2015年8月27日号）

一青が歌詞を書いたのは9・11の直後。まだデビュー前だった。現地には、大学で同じアカペラサークルに所属していた友人が恋人と一緒に暮らしていた。ツインタワーが崩れる映像を前に、その身の無事を一心に願う気持ちから衝動的に言葉が綴られた。

思い浮かべたのは、川べりで、なんかその水辺にシティがあるシーン。ニューヨークみたいにビルがバーっと建ってて、そのほんとに端っこの川べりに私が立ってて、目の前にノアの箱舟みたいな船があって、あと一人しか乗れませんって言われたときに私と恋人がいて、ほかに乗りたい人もいるんだけどどうする?っていうシチュエーションをとにかく描いたんですよ。(『広告批評』2006年3月号)

一緒に渡るには
きっと船が沈んじゃう
どうぞゆきなさい
お先にゆきなさい

歌詞に描かれたのは、多くの人が被害に遭う中で一握りの人だけが救われる想像上の場面。友人とその恋人を助けるために船に乗せ、自分は一人残るという情景だ。そこで歌われる思いが、「君と好きな人が　百年続きますように」というサビのフレーズに繋がっている。

当初はピュアなラブソングとして受け止められていたこの曲は、こうしたエピソードが徐々に広まり高校の教科書に掲載されるようにもなった10年代以降に「平和への思いを込めた祈りの歌」として再受容されるようになる。

一方、同時期のアメリカでは、やはり9・11をきっかけに書かれ「平和への祈り」を込めたヒット曲が生まれている。それがブラック・アイド・ピーズの「ホエア・イズ・ザ・ラヴ?」だ。

ブラック・アイド・ピーズは1997年にデビューしたアメリカ・ロサンゼルス出身のヒップホップグループ。当初は3人組だったが、女性シンガーのファーギーが加入し2003年に3rdアルバム『エレファンク』をリリースする。このアルバムからシングルカットされ、2004年のグラミー賞にノミネートされるなど世界的なブレイクのきっかけとなったのが「ホエア・イズ・ザ・ラヴ?」だ。

この曲の歌詞には、9・11の同時多発テロ事件とその後のイラク戦争を直接的に明示する言葉が頻出する。

海の向こうで、俺たちはテロリズムを止めようとしてる
でも俺たちは今生活しているこの場にテロリズムを抱えている（中略）

国家は爆弾を落とし　毒ガスが子供たちの肺を満たす
若者たちが苦しみながら死んでいく
だから自分自身に問いかけるんだ　愛は本当に消えてしまったのか

ここに歌われる「平和への思い」は、とてもストレートだ。ラップのパートでは対テロ戦争に邁進するアメリカの政府や社会の現状をつぶさに綴り、コーラスのパートでは人々が殺し合う世界に対して「愛はどこにある？」と問いかけ、キリスト教の教義も引用しながら救いを求めるようなリリックになっている。

一方で「ハナミズキ」には、直接的にテロや戦争を指し示すような言葉は一つもない。歌詞にはあえて抽象性の高い表現が選ばれ、解釈の自由が開かれている。それゆえに「君と好きな人が　百年続きますように」というフレーズから、結婚式ソングの定番のような受け入れられ方もしてきた。

この2曲にあらわれた具体性と抽象性の対照はとても大きな意味を持っている。ここには、R&Bとヒップホップがメインストリームを席巻するようになっていくその後のアメリカのポップミュージックと、一方で海外との同時代的なリンクが途切れていくJ

－POPと、2つの音楽カルチャーの潮流の萌芽のようなものも見て取れる。

ただ、実は一青窈自身はR&Bやヒップホップを愛聴して育ってきたシンガーである。台湾で幼少期を過ごし日本で育った彼女の音楽的ルーツは、ブラックミュージックにあった。大学時代にはDJの友人に誘われてクラブイベントで歌っていた。アリシア・キーズ、ローリン・ヒル、アレサ・フランクリンなどがフェイバリットだった。

歌謡曲を掘り下げて聴くようになったのは、大学を卒業し2002年に「もらい泣き」でデビューするまでの準備期間のことだったという。「ハナミズキ」が書かれたのもこの頃だ。

プロデューサーの武部聡志さんに、「ブラックミュージックが好きなのはすごくいいことだけど、君の血から湧き起こるものがソウルだから、もうちょっと台湾の民謡とか日本の歌謡とかを勉強したら?」って言われたんです。(『音楽ナタリー』2016年12月2日)

一青は1976年生まれで、安室奈美恵(1977年生まれ)やMISIA(197

8年生まれ）とほぼ同世代にあたる。

一方に安室奈美恵やＭＩＳＩＡを、そして一方に一青窈や同じく１９７６年生まれである森山直太朗という世代の近い歌手を置き、両者がどのように世に出たかを考えることで、ヒットソングの趨勢や、日本とアメリカのポップカルチャーの関係性が90年代から00年代にどう変わっていったかということも読み解くことができる。

その節目となったのが、平成も折り返しとなる２００３〜２００４年だった。

17. 消えゆくヒットと不屈のドリカム
——２００５（平成17）年の「何度でも」（DREAMS COME TRUE）

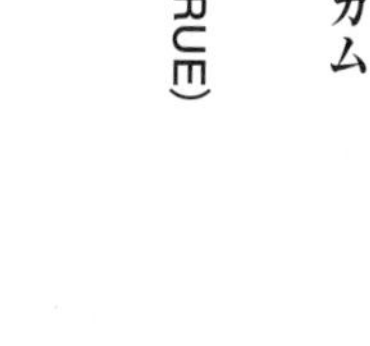

「ヒットの崩壊」のはじまり

ポップミュージックの世界から、時代を彩る活気と勢いが少しずつ失われていく。ヒット曲が、世の中に見えなくなっていく。

そんな〝音楽不況〟の時代が本格的に始まったのが、00年代後半のことだ。２００５年は、その幕開けとなる年だった。この年のオリコン年間シングルランキング1位は、ドラマ『野ブタ。をプロデュース』（日本テレビ系）で主演した亀梨和也と山下智久が役名で歌った修二と彰の『青春アミーゴ』。年間売上は94・5万枚。前年に続き１００万枚に到達した曲はなかった。

音楽市場は右肩下がりで縮小を続けていた。そして「ＣＤが売れない」ということが

持つ意味合いは、単なるマーケット的な問題にとどまらなかった。
拙著『ヒットの崩壊』の中で取材したビルボードジャパンのチャート・ディレクター礒崎誠二氏はこう語っている。

いろいろな人にオリコンさんのランキングを見せて「どのあたりから曲を思い出せなくなりますか?」と訊いたことがあるんです。そうすると、世代にかかわらず、00年代の後半あたりから上位の曲が思い出せなくなっていくんです。

なぜランキングからヒットの指標としての説得力が失われていったのか。その大きな理由は、この頃から音楽消費の傾向がセグメント化(細分化)していったことだ。ダウンロード型の音楽配信が広まり、特に携帯電話に向けた「着うた」や「着うたフル」の市場が着実に拡大していく中で、音楽の聴かれ方は多様化していた。ジャニーズ事務所所属のアイドルグループを筆頭にデジタル配信に楽曲を提供しないアーティストも多かったが、若年層の流行は、むしろ配信ランキングの方に反映されるようになっていた。

2005年の「着うた」「着うたフル」年間ランキング1位は、O-ZONE「恋のマイアヒ」。インターネット掲示板2ちゃんねる上のFLASHムービーを発祥に、ルーマニア語の歌詞が「♪のまのまイェイ」など〝空耳〟に聞こえると一大ブームを巻き起こした楽曲だ。

00年代後半は、カルチャーの流行がインターネットから生まれるようになっていった時代でもある。2ちゃんねるの書き込みから生まれた『電車男』がドラマ化・映画化され大きな話題を呼んだのも2005年だ。YouTube がサービスを開始したのも2005年である。

どちらも年間1位となった「青春アミーゴ」と「恋のマイアヒ」の対比は、いわば、ヒット曲を巡る状況が大きな曲がり角を迎えていたことを示しているとも言える。

そんな2005年2月に、DREAMS COME TRUE はシングル『何度でも』をリリースしている。

1988年の結成以来、数多くのヒットソングを生み続けてきたドリカム。シングルCDのセールスで言えばこの「何度でも」を上回る楽曲は他にも沢山ある。しかしこの曲がどのように受け入れられ代表曲となっていったかを紐解くことで、「ランキングからヒットが見えなくなった」平成という時代の後半の世相が見えてくるのではないか、と筆者は考えている。

苦悩の中で明日が見える曲を

ＣＤバブル真っ盛りの90年代、その最も華々しい場所でスポットライトを浴びていたグループのひとつがDREAMS COME TRUEだ。

そして、そのヒット曲の数々は、当時の恋愛をめぐる心象を鮮やかに切り取っていた。「うれしい！たのしい！大好き！」（１９８９年）や初のミリオンセラーとなった「決戦は金曜日」（１９９２年）など、初期の代表曲の多くは恋心が生まれる瞬間の高揚感を活き活きと切り取った楽曲だ。それらの曲の歌詞に登場する主人公のアクティブな描写は、女性が恋愛の主導権を握るバブル時代の恋愛事情ともシンクロしていた。「未来予想図Ⅱ」（１９８９年）など、恋する相手との幸せな未来を思い描く曲も広く共感を集めていた。約２５０万枚を売り上げグループ最大のヒットとなったシングルが『LOVE LOVE LOVE／嵐が来る』（１９９５年）。好きな人に愛する気持ちを伝えられないもどかしさや恋する気持ちの切なさをシンプルな言葉遣いで歌い上げた「LOVE

LOVE LOVE」は、主題歌をつとめたドラマ『愛していると言ってくれ』（TBS系）と共に1995年を代表するヒットになった。

こうして人気絶頂にあったドリカムは、しかし00年代初頭に苦境に陥る。きっかけは1997年にレコード会社を移籍し、全米進出の夢を実現すべくニューヨークに拠点を移したことだった。アメリカでの挑戦は思うようにいかず、国内での後ろ盾も失った。

テレビ局からは閉め出されるし。ラジオでも我々の曲はかからない。そこで一度、ドリカムは完全に死にましたね。（『音楽ナタリー』2014年8月19日公開）

中村正人は後のインタビューで当時のことをこう振り返っている。2002年には自らの事務所とインディーズレーベルを設立。「まずはお詫びです。各社の担当の方に2年間謝り続けました」という日々を経て、2004年には再びメジャーレーベルに復帰を果たす。第一線に戻ってきたドリカムがTVドラマ『救命病棟24時』（フジテレビ系）主題歌として書き下ろしたのが、「何度でも」だった。

何度でも何度でも何度でも立ち上がり呼ぶよ
きみの名前　声が涸れるまで
落ち込んで　やる気ももう底ついて
がんばれない時も　きみを思い出すよ

吉田美和が熱のこもった声でこう歌い上げる。これまで多くのラブソングのヒット曲を世に送り出してきたドリカムだが、「何度でも」は、聴く人を奮い立たせるようなメッセージソングだ。そこには医療ドラマ『救命病棟24時』制作陣からの要請もあった。中村はこう語っている。

いつものドリカムは〝恋から愛まで〟のラヴソングが楽曲のコンセプトですが、『救命～』は違ってきます。どちらかというと、日常を過ごす方々の応援ソングのようになりますね。プロデューサーから頂くオーダーということもあります。〝苦悩している医師や患者さんたちの明日が見える曲にして下さい〟って。（フジテレビ『救命病棟24時』モバイルサイト）

この曲がリリースされたのは２００５年２月。当初から大きなセールスを打ち立てたわけではなかった。オリコン週間ランキングは最高位３位、この年の年間ランキングでは50位だ。

しかし、ファンの支持が曲を押し上げた。

ドリカムが４年に１度開催してきたベストヒットライブ『史上最強の移動遊園地DREAMS COME TRUE WONDERLAND』では、２００７年のファン投票によるリクエストで初めてこの曲が「うれしい！たのしい！大好き！」や「LOVE LOVE LOVE」などそれまでのヒット曲の数々を上回り１位を獲得する。その後もベストアルバムのファン投票、２０１１年、２０１５年の「ワンダーランド」のリクエストでも不動の１位を占める楽曲となっていく。

長引く不況に沈み、自然災害に打ちのめされた平成後半の日本社会の中で、楽曲のメッセージがより強く求められるようにもなっていった。

２０１１年３月、東日本大震災直後の１週間に全国のラジオで最もオンエアされた楽曲が「何度でも」だった。この曲で被災地を力づけたいというリスナーからのリクエストが各地のラジオ局に多数よせられたという。

平成の30年間、J-POPのトップアーティストであり続けたDREAMS COME TRUE。しかしそのヒットメーカーとしての道筋は決して順風満帆だったわけではない。むしろ不屈のキャリアを築き上げてきた。そして、胸を躍らせるラブソングよりも「苦悩の中で明日が見える曲」として作られたこの曲こそが、ファンによって、そして世間によって、ドリカムの代表曲として〝選ばれていった〟のである。

18. 歌い継がれた理由
——２００６（平成18）年の「粉雪」（レミオロメン）

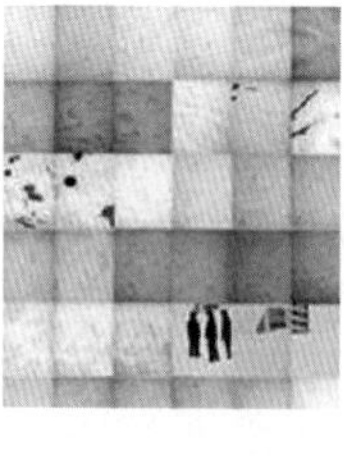

YouTubeとSNSが勃興した時代

２００６年12月。米『ＴＩＭＥ』誌は、年間を通じて最も活躍した人物を特集する恒例企画「パーソン・オブ・ザ・イヤー」に「Ｙｏｕ（あなた）」を選出した。表紙にはディスプレイに動画投稿サイトのYouTubeを表示したiMacが掲載され、コンピュータの画面部分は鏡面加工されていた。雑誌を手にとった人の顔がそこに映る仕掛けだ。

メディアを巡る環境は大きな変動の最中にあった。前年の２００５年に誕生したYouTubeはこの年11月にグーグルが16億5千万ドルで買収し、急速な成長を果たしている。各国でソーシャル・ネットワーキング・サービスが爆発的にユーザー数を増やしていたのもこの頃だ。当時はまだ登場したばかりのFacebookやTwitterに存在感はなく、世界最大手のＳＮＳはこの年にアカウント数が１億を超えた音楽系ＳＮＳのMyspaceだった。日本でもこの年にmixi（ミクシィ）がユーザー数５００万人を突破している。

テレビや新聞や雑誌など既存のメディア、そして初期のインターネットにおいては、情報は送り手から受け手への一方通行の形で届けられるのが当たり前だった。しかし、通信技術の進化と共にユーザーからの情報発信が増え、双方向型のメディアが広まりつつあった。こうした潮流を指す「Ｗｅｂ２・０」という言葉が流行語となったのも２００６年のことだ。

平成という時代の後半を駆動するテクノロジーとカルチャーの変革は、すでに予兆ではなく、大きな胎動として世に現れていた。しかし、この頃の日本のヒット曲に、そうした動きとの関連性を見出すことはほとんどできない。

この年のオリコン年間シングルランキングは、1位がＫＡＴ－ＴＵＮ『Real Face』、2位がレミオロメン『粉雪』、3位が修二と彰『青春アミーゴ』、4位が山下智久『抱いてセニョリータ』、5位がＫＡＴ－ＴＵＮ『SIGNAL』。ジャニーズ事務所所属のアイドルがヒットチャートに大きな存在感を示す中、ロックバンドによる２００６年の数少ないヒット曲の一つとなったのが、レミオロメンの「粉雪」だった。

『1リットルの涙』から生まれた2つのヒット

レミオロメンが結成されたのは2000年。ボーカル・ギター担当の藤巻亮太を中心にスリーピースバンドとして活動を始めた彼らは、地元・山梨県の神社の敷地にあった空き家をスタジオがわりに練習を重ねる日々を経て、2003年にシングル『電話』でメジャーデビューを果たす。所属事務所は小林武史が代表をつとめ、Mr.Childrenが所属していた烏龍舎だ。

この曲を聴いたことをきっかけに、彼らにドラマ『1リットルの涙』（フジテレビ系）挿入歌の話を持ちかけたのがフジテレビ（当時）のドラマプロデューサー、関谷正征だった。ドラマは沢尻エリカ演じる難病を抱える主人公の少女の高校生活を描くストーリー。錦戸亮演じる主人公のクラスメイトとの2人のシーンで流れるバラードを書いてほしいというオファーだった。

バンドもブレイクの渦中にあった。シンプルなバンドサウンドにこだわったデビューアルバムの『朝顔』を経て、小林武史のプロデュースによりストリングスやキーボードを大きく導入したセカンドアルバム『ether［エーテル］』を2005年3月9日にリリースし、同日には初の武道館公演も実現。「粉雪」はその後3月末から4月にかけて行われた山中湖での合宿で完成した。藤巻は当時のインタビューでこう語っている。

本当に電波も入らないようなところで周りもちょっと雪が残ってるような、大自然みたいなところで。ずっとやってたら夜中の3時4時くらいにイントロができて、このイントロができた時にギアが入ったんですよね。(『ロッキング・オン・ジャパン』2005年11月号)

結果、2005年11月16日にリリースされたこの曲は、バンドにとって大きな飛躍のきっかけとなる。オリコン週間ランキングでは初登場4位。ドラマが終わり、年が明けた後もロングヒットを続けた。

レミオロメンのもう一つの代表曲である「3月9日」も、ドラマ『1リットルの涙』をきっかけに大きく支持を広げた一曲だ。こちらは2004年にシングルとしてリリースされ、アルバム『ether［エーテル］』にも収録された。もともとドラマに使われる予定はなかったが、物語の中で主人公たちが取り組む合唱コンクールの課題曲として起用された。病状が悪化し学校を去ることになった主人公にクラスメイトたちが合唱で歌を贈るシーンが大きな反響を呼び、この曲もドラマ放送後にじわじわと浸透していった。おおらかな包容力を持ったメロディと言葉がその由来だった。

ユーザー参加型のヒット曲

そして「粉雪」と「3月9日」の2つの曲は、後に作り手の意図と想定を超えた現象を生み出すことになる。

2006年12月にサービスを開始したニコニコ動画において、最初の「弾幕ソング」として局地的なブームを巻き起こしたのが「粉雪」だった。「弾幕」とは、動画上に同じタイミングで多数のユーザーが同じようなコメントを書き込み画面を埋め尽くす一種の遊びのこと。この曲の高らかに歌い上げる印象的なサビのフレーズに合わせて、多くのユーザーが「こなあああああああゆきいいいいいいい」とコメントを投稿。当時の投稿動画は著作権侵害として削除されたが、初期のニコニコ動画を象徴する流行の一つとして長らく愛され続けてきた。2015年にはバンドの活動休止後にソロ活動を始めた藤巻亮太が「ニコニコ超会議」に出演し、「弾幕」と共にこの曲を披露している。

一方、「3月9日」はドラマをきっかけに様々な学校で合唱コンクールの曲として歌われるようになっていった。もともとこの曲は、レミオロメンのメンバー3人の共通の友人が結婚することを受け、結婚する二人の門出を祝う曲として書かれた曲だ。曲名の3月9日も、もともとは友人の結婚式の日付だった。しかし3月9日が卒業式シーズンの真っ只中であることもあり、徐々に卒業シーズンに歌われる曲として定着していく。

オリコンが10代、20代へのアンケートをもとに発表している「卒業ソングランキング」では、2006年から5年連続で「3月9日」が1位となり、殿堂入りを果たしている。それ以前から親しまれていた海援隊「贈る言葉」、松任谷由実「卒業写真」や合唱曲の「仰げば尊し」を上回る新たな定番として愛され、歌い継がれてきた。

2006年の「パーソン・オブ・ザ・イヤー」は「You（あなた）」だった。作り手から受け手への一方通行ではなく、ネットユーザーが曲を使って遊んだり、学生たちが卒業式で歌ったりすることによって曲に新たな意味が宿った、数少ないこの時期の〝参加型のヒット曲〟が「粉雪」と「3月9日」だったのだ。

19. テクノロジーとポップカルチャーの未来
――2007（平成19）年の「ポリリズム」（Perfume）

時代の転換点でのブレイク

「今日、アップルは電話を再発明します」

2007年1月9日（米国時間）、スティーブ・ジョブズはこう告げて初代iPhoneの発売を宣言した。2001年に「1000曲をポケットに」というキャッチフレーズと共に初代iPodを発表してから6年後のこと。デジタル音楽プレイヤーとして音楽の聴き方に革新をもたらしたiPodのヒットに続き、iPhoneがもたらしたスマートフォンの普及はその後の世界中の人々の日常を塗り替えることになる。

00年代後半の数年は、明らかに時代の転換点だった。YouTube、SNS、スマートフォンと、社会に大きな変革をもたらすテクノロジーが次々と登場した。

インターネットを舞台に新しいカルチャーが芽生えていたのもこの頃だ。2007年8月には、歌声合成技術VOCALOIDを用いたバーチャル・シンガー・ソフトウェア「初音ミク」が発売されブームとなる。黎明期のニコニコ動画を舞台に、アマチュアのクリエイター同士がネットを介して結びつく新たな創作の輪が生まれようとしていた。

しかし、繰り返すが、この時期のヒットソングは、こうしたテクノロジーが牽引するダイナミックな社会の変化の機運とは無縁のものがほとんどだ。この年のオリコン年間シングルランキング1位は秋川雅史の『千の風になって』。前年11月のNHK歌謡チャリティーコンサート出演をきっかけに注目を集め、12月の紅白歌合戦出場を機に中高年層を中心に社会現象的な流行を巻き起こした一曲である。2位以下は宇多田ヒカル『Flavor Of Life』、コブクロ『蕾(つぼみ)』、嵐『Love so sweet』、KAT-TUN『Keep the faith』といったドラマ主題歌が並ぶ。

そんな2007年に一躍ブレイクを果たしたのがPerfumeだった。

あ~ちゃん(西脇綾香)、かしゆか(樫野有香)、のっち(大本彩乃)からなる3人組ユニットのPerfume。2000年に地元・広島で結成し2005年にメジャーデビューした彼女たちにとって飛躍のきっかけになったのが、この年の9月にリリースされたシングル『ポリリズム』だった。オリコン週間シングルランキングは最高位7位。年間ランキングでは100位圏内にも入っていない。セールス面だけを見れば大きなインパクトがあったとは言えないかもしれないが、振り返ってみれば、Perfume の成功がその後の日本の音楽シーンにもたらしたものはとても大きい。そういう意味で、筆者はこの曲こそが2007年を代表する〝ヒット曲〟だったと考えている。

クリエイティブへの誠実な姿勢

Perfume のブレイクにはどんな意味合いがあったのか。

一つ目のポイントは、アイドルシーンにとってのターニングポイントになったということだ。いち早く Perfume を表紙巻頭特集で取り上げた2007年10月発売の雑誌『クイック・ジャパン』(Vol.74)のキャッチコピーには「『アイドル』の意味を回復する3人」とある。もともと彼女たちは広島でローカルアイドルとして活動し、上京後のインディーズ時代も秋葉原で路上ライブを行うなどしてキャリアを積み重ねてきた。しかし「テクノポップユニット」を標榜したメジャーデビュー以降は、中田ヤスタカが手掛ける楽曲のクオリティの高さがネットを介した口コミで広まり、木村カエラが「チヨコレイト・ディスコ」を絶賛し自身のラジオ番組でプッシュするなど、コアなアイドルファンよりもむしろアーティストや音楽リスナーからの支持が広がっていた。

また、この年には夏フェスのサマーソニックへの出演も実現、ロックファン中心のアウェイの場でも着実にオーディエンスを沸かせていた。「ポリリズム」はNHK・公共広告機構のCMソングとして知名度を大きく広げるきっかけになったが、テレビ番組の露出やマスメディアの仕掛けよりもむしろ音楽性への評価とライブ現場での熱気がPerfumeの人気拡大の下地になっていた。

昭和のアイドル歌謡全盛期も、平成初期の「アイドル冬の時代」を経てオーディション番組からモーニング娘。が登場した90年代末以降も、そういう形でブレイクを果たすアイドルはほとんどいなかった。アイドルが夏フェスに出演することも当時は異例だった。Perfumeの成功はそうしたアイドルの音楽活動の可能性を切り拓き、それがももいろクローバーZらが牽引する2010年代以降の「アイドル戦国時代」へとつながったわけである。

二つ目のポイントは、Perfumeの人気がクリエイティブへの評価につながったこと。3人の自然体のキャラクターや巧みなダンスパフォーマンスだけでなく、作詞作曲とサウンドプロデュースを手掛ける中田ヤスタカ、振付を手掛けるMIKIKO、ミュージックビデオやアートディレクションを担当する映像作家の関和亮《かずあき》と、デビュー当初から一貫してPerfumeを支える周囲のクリエイターにも注目が集まった。雑誌の取材に当時の彼らはこう語っている。

「彼女たちがアイドルであろうとなかろうと、僕はいつも通りきちんと曲作りをしているだけ」（中田ヤスタカ、『クイック・ジャパン』Vol.74）

「もしPerfumeに今までにないアイドル像を感じるのであれば、僕らはカッコいい／カッコ悪いなら当然カッコいい方を選ぶし、そこで可愛いを選ばなくてもいいだろうって意識があるからかもしれないですね」（関和亮、同前）

「堂々と『Perfume好きです』って言ってもらえるようになってほしいし、私もかっこいいものを提供したいと思います。作り手もファンも、みんな意識を高くしていたいですね」（MIKIKO、『クイック・ジャパン』Vol.75）

特に「ポリリズム」は革新的な一曲だった。この曲では「♪ポ・リ・リ・ズ・ム〜」

と繰り返す中間部に、複数の拍子を重ねる音楽技法のポリリズムが用いられている。レーベルや事務所は受け入れられにくくなると難色を示したが、中田ヤスタカ自身が説得し押し通した。あ～ちゃんは当時のエピソードをこう語っている。

最初聴いた時、やっぱ私たちも衝撃的だったんですよ。でも最初にその歌を聴いてたのは、上の人たちで。「ちょっとこの部分は取って下さい」って、スタッフの方が言ったそうなんですね。そしたら、あの中田さんが事務所にまで来て、曲の説明をしたんですって。「この歌はこういう曲で、ポリリズムっていうリズムになってるんです。これがすごくおもしろくて、やっぱりキャッチーですし、これを入れないとこの曲は普通の曲になります」みたいな。あの腰の重い中田さんがわざわざ出てきて説得したっていうから、すごい話だなと思って。（『ロッキング・オン・ジャパン』2015年6月号）

周囲の作り手たちがこうしたクリエイティブへの誠実な姿勢を貫いてきたことが、Perfume がブレイク後もブレずに着実な歩みを経てきた理由になったのは間違いないだろう。

幻になった「これからの日本らしさ」

こうしたクリエイター陣の中でも最もPerfumeに近い存在であり続けてきたのがMIKIKOだった。出身はPerfumeの3人と同じ広島だ。もともと地元の「アクターズスクール広島」でインストラクターとしてダンスレッスンを指導していたMIKIKOにとって、Perfumeの3人は小学生時代からの教え子でもある。その関係について彼女はこう語っている。

苦楽を共にしてきたというか、夢を叶えるまでの大変さも、夢を叶えた後の大変さも、現在も。たくさんの喜びを教えてもらいながら、彼女達と全部を共にしてきていますから。もはや家族の領域ですね。(『ベストタイムズ』2017年2月15日公開)

MIKIKOが振付演出家として才能を発揮していく道筋もPerfumeと共にあった。2005年には企画・演出・振付を手掛けた舞台「DRESS CODE」を開催し評判を集める。それを観た Perfume 所属事務所アミューズの大里洋吉会長の後押しもあり、2006年にニューヨークに1年半の単身留学。舞台芸術を学び帰国した後には Perfume の振付だけでなくライブ全体の演出を手掛けるようになる。そのステージは大きな評判を呼んだ。2010年以降はライゾマティクスの真鍋大度がチームに加わり、ライブの場や紅白歌合戦の出場時などで見せたデジタル空間と身体表現としてのダンスを融合させる先鋭的なパフォーマンスがたびたび話題となる。

そして、Perfume の評判は海外へと広まっていった。2012年にはアジア、2013年にはヨーロッパをまわり、2014年に開催された3度目のワールドツアーでは初のアメリカ公演も実現。各地でチケットはソールドアウトとなり着実に人気を獲得していく。

一方でMIKIKOの存在感もより大きなものになっていった。2014年には同じく振付を手掛ける BABYMETAL が海外でブレイク。2016年に開催されたリオ五輪閉会式で行われたフラッグハンドオーバーセレモニーでは総合演出を担当し大きな称賛を浴びる。

2019年には Perfume は4度目のワールドツアーを開催し、アメリカ最大の野外フェス「コーチェラ・フェスティバル」への出演も果たす。こうした10年の積み重ねを経て、Perfumeはいわば「ポップカルチャーの日本代表」とも言うべき存在となっていた。そして、MIKIKOは2019年6月に東京五輪の開会式・閉会式の演出の執行責任者に就任。大役を担うはずだった。しかし2020年5月、新型コロナウイルスの感染拡大に伴う開催延期が決定した後に彼女は突如その役職を降ろされる。代わってCMクリエイターの佐々木宏が演出統括につくが、タレント・渡辺直美の容姿を侮蔑する演出案が報じられ2021年3月に辞任。結局、2021年7～8月にコロナ禍の中で強行開催され多方面から酷評を集めた東京五輪の開会式・閉会式のクリエイティブチームにMIKIKOの名前はなかった。

『週刊文春』は2021年8月8日の電子版で、幻となった「MIKIKOチーム版」五輪開会式の内容を報じている。その冒頭、プロジェクションマッピングで映し出される東京の街に囲まれたステージの上に立っていたのが、Perfumeの3人だった。2時間強のセレモニーの中では、拡張現実（AR）など様々なテクノロジーを取り入れた演出の中で、菅原小春ら日本を代表するダンサーがパフォーマンスを繰り広げる。競技紹介ではスーパーマリオやドラえもんやピカチュウなど日本の生み出したキャラクターたちが登場する。それは、従来型のオリエンタリズムではなく、アニメやゲームも含むポップカルチャーとテクノロジーが象徴する「これからの日本らしさ」を世界中に輝かしくプレゼンテーションするような内容だった。

様々なものが失われていった平成という時代の後半に、日本のポップカルチャーが世界に飛躍していった数少ない例の一つがPerfumeだった。そして、3人と歩みを共にしてきたMIKIKOにとって、東京五輪の開会式はクリエイティブの集大成と未来への希望を見せる場になったはずだった。

しかし、その機会も、失われてしまった。

20. ガラケーの中の青春
——２００８（平成20）年の「キセキ」（GReeeeN）

着うたとは何だったのか

　２００８年は着うたの全盛期だ。日本レコード協会の発表によれば、着うたを含むこの年の音楽配信市場は約９０５億円。統計を開始した２００５年の約３４３億円から３年で２・５倍以上と急激に拡大している。

　２００４年からの５年間のうちに、モバイルのダウンロード配信で購入した最新ヒット曲を携帯電話の着信音に設定する流行が10代を中心に一気に広まった。スマートフォンはまだ普及しておらず、二つ折りが主流だった当時の国内メーカーの携帯電話はシンプルに「ケータイ」と呼ばれていた。

　GReeeeNは、そんな「着うたの時代」を代表するグループだ。

着うた・着うたフルの音楽配信サービスを運営してきたレコチョクが2019年4月に発表した「平成ダウンロードランキング」ではGReeeeNの「キセキ」が1位。2位は同じくGReeeeNの「愛唄」で、3位は青山テルマ feat.SoulJa「そばにいるね」。2007年から2008年にかけてリリースされた楽曲がTOP3を占める結果となっている。

「着うた世代という言葉があるとすれば、そのハシリかもしれないですね」

デビューからGReeeeNを手掛け、ブレイク当時のSoulJaも担当していたユニバーサルミュージックの山崎吉史氏はこう語っている（『Musicman』2012年8月28日公開）。CDの発売日よりも先行して着うたを配信するのは前例のないことだったが、その試みによって成功したのがGReeeeNだった。

当時の10代にとってケータイは最も身近なアイテムだった。ラインストーンや派手なストラップやカラフルなパーツで携帯電話を装飾する「デコ電」も流行していた。コミュニケーションツールであると同時に自己表現の手段でもあったケータイの中に自分が共感できる歌をいち早くダウンロードすることで、リスナーにとってはCDを買うこと以上にアーティストへの愛着がわくのではないか。山崎氏のそんな読みが当たり、

GReeeeNは一気にブレイクを果たす。

さらに異例だったのはアーティストの姿を一切明かさないその活動方針だった。歯学部生4人によって結成されたGReeeeNは、音楽と歯科医の夢を両立するため当初から顔出しをしないことをデビューの条件としていた。4人が国家試験に合格し現役の歯科医師として勤務するようになった後も顔を明かさずに活動を続けてきた。

リスナーが見ることができたのは、歯をモチーフにしたロゴだけだった。ヴィジュアルだけでなく、4人がインタビューに応え自らの言葉でメディアに自身の音楽を解説することもほとんどなかった。その数少ない機会となった2016年12月8日放送のNHK『SONGS GReeeeN 〜僕たちの〝キセキ〟』で、HIDEはこう語っている。

青春の部活で泥臭い感じとか、仕事で頑張ってたりとか、友達を思ったりとかっていう気持ちって実は全部一個な気がしていて。それが僕は愛情だと思ってるんですよ。

GReeeeNのヒット曲の多くは、素朴なメロディとわかりやすくストレートな言葉で、仲間や友人との結びつきを称揚する楽曲だ。アーティストの実像が見えないからこそ、リスナーはピュアにそれを自分たちの青春を彩る歌として受け取った。なかでも高校の野球部を舞台にしたドラマ『ROOKIES』（TBS系）の主題歌として使われた「キセキ」が、彼らの存在を全国区に押し上げた。山崎氏は前述のインタビューでGReeeeNのコンセプトを「仲間意識」と説明している。楽曲だけで、彼らが描き出す青春のイメージは広く伝わっていった。

ただ、着うたの時代は長くは続かなかった。iPhoneが日本で初めて発売されたのがやはり2008年の7月のことだ。スマートフォンの登場と共に、従来型のモバイル端末は「ガラケー」と呼ばれるようになっていく。

10年代に入ると、スマホの本格的な普及と共に、着うた市場は急速に廃れていった。多くの人はガラケーからスマホへと機種変更したときに、ダウンロードした楽曲のデータを移行しなかった。アプリの対応が遅れたこと、利便性が低かったことがその要因だ。そしてレコチョクは2016年に着うた・着うたフルのサービスを終了する。

こうして、短かった「着うたの時代」は幕を閉じた。

機種変更によって今は読めなくなってしまった当時の友達や恋人とのメールのやり取り、携帯電話のカメラで撮影した「写メ」（=写メール）、そして着うた。ケータイが青春時代の思い出そのものになっている人も多いだろう。
GReeeeN の「キセキ」は、そんな「ガラケーの中に閉じ込められた青春」を象徴する一曲でもある。

第三部　ソーシャルの時代

――2009（平成21）年～2019（平成31）年

21. 国民的アイドルグループの2つの謎
——2009(平成21)年の「Believe」(嵐)

嵐の「国民的ヒット曲」とは何か

「ウィー・アー・嵐!」

松本潤がカメラ目線で叫び、赤いスーツに身を包んだ5人が歌い踊る。2009年、紅白歌合戦に初出場を果たした嵐は、まごうことなき国民的アイドルだった。ステージを降り、審査員席に並ぶ芸能人やスポーツ選手と握手して回るその姿には、スターの貫禄が宿っていた。

この年の紅白歌合戦で披露したのは、メドレー形式の4曲。デビュー曲の「A・RA・SHI」、2007年にリリースされた代表曲「Love so sweet」と「Happiness」、そして2009年のナンバーワンヒット「Believe」からなる「嵐×紅白スペシャルメ

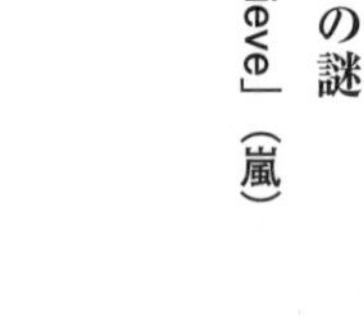

ドレー」だ。初出場としては異例の長さの約4分である。

　この年の主役は間違いなく嵐だった。オリコン年間ランキングのシングル部門は1位『Believe／曇りのち、快晴』、2位『明日の記憶／Crazy Moon ～キミ・ハ・ムテキ～』、3位『マイガール』とトップ3を独占。アルバム部門ではベストアルバム『5×10 All the BEST! 1999-2009』が1位となり、映像作品部門、トータルセールスも含む4冠を達成している。

　とはいえ、彼らが辿ってきたのは順風満帆のキャリアではなかった。1999年の華々しいデビューから一転、00年代前半には人気が伸び悩んだ不遇の時代もあった。しかし、メンバーそれぞれのテレビでの活躍、特に高視聴率を記録した松本潤主演のドラマ『花より男子』（TBS系、2005年）をきっかけに知名度が高まり、2006年にはアジアツアー、2007年には初の東京ドーム公演、2008年には初の国立競技場公演が実現。大きくブレイクを果たしていく。

　2019年6月29日放送の『SONGS』に出演した嵐の5人は、この時期を「怖かった、正直」（相葉）、「街中で自分の顔がいっぱいあったりすると理解できなかった」（大野）、「先が見えづらくなったということなのかもしれない」（松本）、「自分を強く持って不安と戦っていくしかないと思った」（相葉）と振り返っている。プレッシャーは相当のものだっただろう。しかし2020年末をもって活動を休止するまで、嵐は第一線を走り続けた。平成という時代の〝顔〟であり続けた。

ただ、ヒット曲という切り口で嵐のことを考えると不思議な点がある。

嵐は平成を代表する国民的グループだ。トップセールスのシングルだって沢山ある。2008年の『truth／風の向こうへ』、2009年の『Believe／曇りのち、快晴』は共にオリコン年間1位であるし、AKB48が上位を席巻するようになった2010年以降もシングルはほぼ年間TOP10入りを果たしている。しかし、嵐の「国民的ヒット曲」は何かと考えると悩んでしまう。

ファンだけでなく多くの人が曲名だけでサビのメロディと歌詞のフレーズを思い浮かべられるような歌を「国民的ヒット曲」とするならば、嵐の場合、それはどの曲になるのだろう。デビュー曲の「A・RA・SHI」だろうか。ドラマ『花より男子2』主題歌の「Love so sweet」だろうか。もしくは誰もが認める人気者となった2008年の「One Love」や2009年の「Believe」だろうか。もしくは、グループ初のミリオンセラーとなった2020年の「カイト」だろうか。

そう考えていくと、嵐というグループの巨大な人気とセールスに対して、曲自体が流行歌として多くの人に歌われて広まったり、社会現象を巻き起こしたり、時代の象徴になったような例が少ないことがわかる。

そのことを傍証するのがカラオケのランキングだ。ＤＡＭとJOYSOUNDがそれぞれ発表している年間カラオケランキングでは、１９９９年から２０２０年の間で年間20位以内に入った嵐の楽曲は1曲もない。

相葉雅紀・松本潤・二宮和也・大野智・櫻井翔という5人の名前と顔は広く知られていたけれど、その存在感に比べると、世代を超えて誰もが思わず口ずさんでしまうような嵐のヒットソングは多くない。そういう意味では、後述するいきものがかり「ありがとう」のヒット曲としてのあり方とは対照的だ。

嵐と日本のヒップホップとのミッシングリンク

嵐の音楽性とその背景の時代性を考える上では、もうひとつの特筆すべき点がある。

それは、彼らがヒップホップの、日本語ラップのカルチャーをアイドルグループとして取り入れた先駆的な存在だった、ということだ。

デビュー曲「A・RA・SHI」が、そもそもラップを大々的にフィーチャーした一曲だった。この曲がリリースされた1999年はDragon Ash「Grateful Days」がヒットし、この曲にフィーチャリングで参加したラッパーZeebraの「俺は東京生まれHIP HOP育ち」というリリックが一世を風靡した年である。

嵐においてデビューからラップを担ってきた「東京生まれ　ジャニーズ育ち」の櫻井翔もまたヒップホップに大きな影響を受けた少年時代を過ごしてきた。

Netflix によるドキュメンタリー『ARASHI's Diary -Voyage-』のエピソード8「SHO's Diary」で明かされた彼のヒップホップとの出会いは、中学校1年生の時に聴いたスヌープ・ドッグの「Who Am I (What's My Name)」(1993年)。2008年10月25日に放送されたTBSラジオ『ライムスター宇多丸のウィークエンド・シャッフル』の嵐特集に櫻井が寄せたコメントでは、1996年、彼が中学校3年生の時に日比谷野外音楽堂で開催された日本のヒップホップの伝説的イベント「さんピンCAMP」にも影響を受けたことを明かしている。好きなアーティストにZeebra、ライムスター、BUDDHA BRAND や Shing02 を挙げるコアな日本語ラップのファンでもあった。

RIP SLYME や KICK THE CAN CREW がブレイクを果たし、ラップをフィーチャーしたヒット曲が日本においても珍しいものではなくなっていった00年代前半の音楽シーンの潮流とも嵐は並走していた。

櫻井が出演したドラマ『木更津キャッツアイ』（２００２年）の主題歌「a Day in Our Life」は少年隊の楽曲「ＡＢＣ」をサンプリングし、櫻井のラップを大々的にフィーチャーした一曲だ。楽曲を手掛けたのはDragon Ashとも頻繁にコラボしていたミクスチャー・バンド、スケボーキングのＳＨＵＮとＳＨＵＹＡである。

そして、デビュー曲では作詞家が書いたフレーズをラップするだけだった櫻井も、２ｎｄアルバム『HERE WE GO!』（２００２年）収録曲「Theme of ARASHI」ではすでに自らリリックを書くようになっていた。『ARASHI's Diary -Voyage-』ではデビュー後に知り合ったｍ－ｆｌｏのＶＥＲＢＡＬから「櫻井君、せっかくラップやってるのになんで自分で書かないの」と言われて衝撃を受けたことがきっかけだったと明かしている。

そうして櫻井が書いたリリックは徐々にオリジナリティを研ぎ澄ませていった。アルバム『ARASHIC』（２００６年）のリード曲「COOL & SOUL」は全編彼の手によるラップが押し出され、『Dream "A" live』（２００８年）収録の「Hip Pop Boogie」には

「大卒のアイドルがタイトルを奪い取る」という、韻を踏みつつ自身のアイデンティティを表明するパンチラインもある。

しかし、こうした楽曲がシングル表題曲としてヒットし、嵐が「ラッパーがいるアイドルグループの先駆的な存在」として知名度を広めていくことはなかった。

こうした櫻井のラッパーとしてのスタンスは「サクラップ」という愛称と共にファンには親しまれてきたが、櫻井自身も親交のあったケツメイシやｍ－ｆｌｏとの同時代性が語られることはほとんどなく、ヒップホップがＪ－ＰＯＰのメインストリームに浸透していった00年代の潮流の中で嵐という存在が正当に評価されてきたとは言い難い。そのことも不思議な点だ。

『ARASHI's Diary -Voyage-』にはｍ－ｆｌｏのＶＥＲＢＡＬも登場し、櫻井との対談で「TERIYAKI BOYZ 始めたから一緒にやんない？　とか、そんな話も俺たちしてたよね」と、結成前の TERIYAKI BOYZ のメンバーに櫻井を誘っていたことも明かしている。

その TERIYAKI BOYZ が、カニエ・ウェストやファレル・ウィリアムスとの共演も実現したアルバム『SERIOUS JAPANESE』をリリースしたのが２００９年である。

クリス・ブラウンやマーク・ロンソンも楽曲のプロデュース陣に並んだ本作は、日本が海外のヒップホップやポップミュージックの第一線と結びついたこの時期唯一の作品だ。

嵐とアジアのポピュラー音楽の勢力図

２０１９年、デビュー20周年を迎えた嵐は、公式 YouTube チャンネルを開設しミュージックビデオを解禁。ストリーミングサービスでも楽曲を配信し、ＳＮＳでの公式アカウントも開設した。11月には初のデジタルシングル「Turning Up」を発表し、２０２０年1月には世界的に活躍するオランダ出身のＥＤＭアーティスト、Ｒ３ＨＡＢによる同曲のリミックスを発表。9月にはブルーノ・マーズが楽曲制作とプロデュースを手掛けた全英語詞の「Whenever You Call」をリリースしている。

２０２０年、活動休止を目前に控えた嵐は、まさに〝Ｊ－ＰＯＰ代表〟として海外のポップミュージックの第一人者とクリエイティブな結びつきを果たしていた。

10年代は BIGBANG やＢＴＳなどＫ－ＰＯＰのボーイズグループがＥＤＭやＲ＆Ｂやヒップホップなど北米のポップミュージックの潮流と同時代性を持った音楽性でアジアから世界各国へと支持を広げていった時代でもある。

もし嵐の動きが10年早かったら。２００９年の時点で本格的な海外戦略とデジタル配信に舵をきっていたら。ひょっとしたら、アジアのポピュラー音楽の勢力図は違った様相を見せていたかもしれない。そんなことも考えてしまう。

22. ヒットの実感とは何か
――2010(平成22)年の「ありがとう」(いきものがかり)

ヒットの基準があやふやになっていく時代

2006年はまだCDも売れていたし、それを中心としたシステムがまだ維持されていた。そこでスタートすることができたのは幸せだったと思います。CDバブルの本当に最後の残り火があるときにデビューできたのは運が良かったことだと思うんです。

いきものがかり・水野良樹は、拙著『ヒットの崩壊』での取材に応え、自らのキャリアをこう振り返っている。メジャーデビューシングル『SAKURA』がリリースされたのは2006年3月15日。神奈川県の厚木や海老名を拠点に路上ライブから音楽活動を始めたグループは、CMタイアップや『ミュージックステーション』への出演も経て、一躍全国的な知名度を獲得する。

華々しいスタートだ。その後もリリースされたシングル曲にはほぼ全てアニメやドラマやCMのタイアップがつき、幅広い層に支持を広げていった。

制作体制も充実していた。グループはボーカルの吉岡聖恵、ギターの水野良樹、山下穂尊（2021年に脱退）の3人組。弾き語りに近い形で作詞作曲された楽曲は、亀田誠治や島田昌典や本間昭光などJ-POPシーンを支えてきた屈指のプロデューサーたちによって編曲され、プロフェッショナルなサポートミュージシャンの演奏と共にパッケージングされていた。

水野が言う「まだ維持されていた」システムとは、発掘した新人アーティストに潤沢な制作費を注ぎ込み、宣伝にも力を入れ、新たな世代のヒットソングを生もうと意気込むメジャーレコード会社の方法論のことでもあった。そして彼が「幸せだった」「運が良かった」と振り返るように、その後長引くCD不況と共に、そうした体制は徐々に失われていくことになる。

00年代後半は「CDを買う」ということと「音楽を買う」ということの持つ意味合い

が徐々に乖離していった時代でもある。

2006年10月にはAKB48が「会いたかった」でメジャーデビューを果たしている。当時はまだグループが秋葉原の常設劇場で毎日公演を行い、「会いに行けるアイドル」をキャッチコピーとして活動していた頃だ。

劇場やライブの現場で握手会や撮影会などのイベントを行い、コアなファンがそれに参加するために複数枚のCDを購入する「AKB商法」は当時から行われていた。グループが人気を拡大した2009年からは、シングル曲を歌う選抜メンバーをファン投票によって決定する「AKB48選抜総選挙」が開催されるようになり、直前に発売されるシングルCDにその投票券が封入されるようになった。

いきものがかりは、その後も2008年に『ブルーバード』、2009年に『YELL/じょいふる』など好セールスのシングルを次々と世に送り出し、2008年には紅白歌合戦への初出場も果たすなど、順風満帆の道程を歩んできた。

しかし、それは同時に「ヒットの基準があやふやになっていく時代」の数年間でもあった。AKB48の躍進。国民的アイドルとなった嵐。新たな人気者がマスメディアを賑わす一方で、音楽シーンの細分化はさらに進んでいく。10代の流行はケータイの着うた

／着うたフルの配信ランキングに表れるようになっていった。毎週のシングルCDランキング上位はアイドルが占めることが多くなり、声優やアニソン歌手の歌うキャラクターソングがランクインすることも珍しくなくなっていった。ロックバンドはこの頃から拡大の一途を辿る野外フェスを主戦場に活動するようになっていった。

オリコン発表のシングルCDランキングが「世代を超えて誰もが知っている流行歌」の指標ではなく、それぞれのカテゴリのファンの購買行動の結果となっていった。それが、平成後半の時代に起こったことだ。

そんな中、孤軍奮闘するかのように、世代やカテゴリを超えて歌を届けることを目指していたグループが、いきものがかりだった。水野は著書『いきものがたり』（小学館）でこう記している。

いつだって歌は「ミュージックシーン」という小さな世界に投げ込まれるのではなく、「社会」という大きな世界に投げ込まれる。世の中という大海に、裸のまま飛び込んで、どんな波に歌が飲まれていき、どんな波に歌が乗っていくのか。どこへたどり着くのか。いつもそれを楽しみにしながら、自分は歌を書いているのかもしれない。

誰かの日常の暮らしの中に息づく歌を

「ありがとう」は２０１０年3月に放送がスタートしたＮＨＫ連続テレビ小説『ゲゲゲの女房』の主題歌として書き下ろされた。

担当プロデューサーたっての指名だった。しかしデビュー以来ハイペースでシングルのリリースを重ねてきたグループは疲弊し、ソングライターの水野は「全てを出し切ってしまったんじゃないか」という不安の中で制作を進めていた。水野も山下も最後まで楽曲の出来に確信が持てなかったという。

しかし番組は朝ドラとしては久々となる好視聴率を記録し、その人気と共に楽曲は徐々に浸透していく。２０１０年5月5日にリリースされたシングルは、自己最高位タイのオリコン週間初登場2位を記録。この年にいきものがかりが行っていた全国ツアーでも各地で大きな反響を呼び、いつしか「ありがとう」は大ヒット曲として世間に浸透していった。

結果、この曲はＡＫＢ48と嵐がＴＯＰ10を独占した２０１０年のオリコン年間シングルランキング（ＡＫＢ48が4曲、嵐が6曲）で33位となっている。

ただ、水野にとっては「ありがとう」のヒットを本当に実感したのは、セールスの数字でも、ライブでの歓声でもなく、自宅近所のチェーン店の弁当屋でひとり惣菜を選んでいたときに耳にした若い夫婦の会話だったという。『いきものがたり』の中ではこう記している。


不意に「ありがとう」が店内の有線から流れた。

「あ、これ、ゲゲゲの曲だ。私、この曲好き」

奥さんがそう言うと、それに旦那さんが応える。

「あぁ、いい曲だよね。ありがとうって伝えたくて〜」

旦那さんが、鼻歌を歌う。奥さんが、笑う。

もちろん隣で惣菜を選ぶ浪人生のような風体の男がその歌の作曲者だとはふたりとも気づいていない。日常の何気ない夫婦の会話が、ただ、そこにあるだけだ。

それが、やけに嬉しかった。


このエピソードは、音楽を巡る状況が大きく変化していった平成の後半における「ヒット曲の本質」のようなものを示唆している。

音楽業界全体が縮小を続け、ヒットチャートが徐々に形骸化していった時代。CDのセールスが、ある種の人気投票のようになっていった時代。そんな中で、「ありがとう」という曲は、歌だけがひとり歩きをして、市井の人が口ずさみ、誰かの日常の暮らしの中に息づいていることを実作者が体感できるような数少ない〝ヒット曲〟だったのだ。

23．震災とソーシャルメディアが変えたもの
——2011（平成23）年の「ボーン・ディス・ウェイ」（レディー・ガガ）

音楽の力が問い直された1年

2011年3月11日、午後2時46分。未曾有の被害をもたらした東日本大震災は、平成という時代の最も大きな転換点となった。

2万人を超える死者と行方不明者。放射性物質による深刻な環境汚染を引き起こした福島第一原子力発電所の事故。社会を大きく揺るがした災害は、音楽やエンタテインメントにとっても、そのあり方が問い直される契機となった。

震災直後はCD発売、ライブ公演の延期や中止が相次いだ。テレビも報道一色になり、CMも自粛。アニメキャラが「♪ポポポポーン」と歌うACジャパンの公共広告「あいさつの魔法。」が繰り返し放送された。その後の調査でも多くの人が「震災直後は音楽

を聴く気分にならなかった」と証言している。「不謹慎」という言葉と共に、エンタメ全般に自粛ムードが広がった。

一方、震災からしばらく経つと「今、音楽に何ができるのか?」という声も聞かれるようになった。多くの歌手やタレントが坂本九の「上を向いて歩こう」と「見上げてごらん夜の星を」を歌うCMが話題となり、昭和の時代を彩ったヒット曲が、不安に満ちた人々の心に寄り添う癒しとして機能した。一方、復興支援ライブやイベントの開催など、売上を義援金として寄付する支援の動きも広まった。被災地に足を運びボランティアとして支援活動に参加するアーティストも少なくなかった。

復興支援のチャリティーソングも多く作られた。桑田佳祐を中心に福山雅治やPerfumeなどが集ったチーム・アミューズ!!は「Let's try again」を、EXILEは「Rising Sun」を、AKB48は「震災復興応援ソング」として「風は吹いている」を発表。他にも沢山のアーティストが震災を受けて書き下ろした新曲を発表した。

「震災復興大型音楽番組」としてスタートした『音楽の日』(TBS系)を筆頭に、当時の音楽番組からは繰り返し「ひとつになろう」「日本を元気に」というメッセージが伝えられていた。ここで使われた「ひとつになる」という言葉は、非常時における「総動員」に近しい意味を持つ。チャリティーには音楽の持つ経済的な動員力を復興に役立てるという側面が色濃くあり、そういった文脈の中でも「音楽の力」や「歌の力」という言葉が使われていた。

また、原発事故を受け、斉藤和義が自身の楽曲「ずっと好きだった」を替え歌にして批判の意図をこめてネットに発表した「ずっとウソだった」も大きな話題を集めた。

２０１１年は、ポップソングに社会性が求められた1年だった。

日本だけでなく、世界全体も大きな変化のうねりの中にあった。２０１１年はチュニジア、エジプトなどで「アラブの春」と呼ばれる反政府運動や騒乱が巻き起こった1年でもある。こうした動きを後押ししたのが、Twitter や Facebook などのソーシャルメディアだった。個人が即時性の高い情報を瞬時に拡散し、多くの人を動員することで、現実社会に変革をもたらすことが可能になった。

ソーシャルメディアがもたらした情報環境の変化は、その後、10年代を通じて社会に影響を与え続けることになる。

マイノリティを名指しで肯定する

こうした2011年の時代性を最も象徴する一曲が、レディー・ガガの「ボーン・ディス・ウェイ」だ。

震災直後に彼女は、真っ先に被災者を支援するべく動いた。自身の公式ホームページ上で「WE PRAY FOR JAPAN／日本の為に祈りを。」と書かれたオリジナルのチャリティー用ブレスレットを販売し、その収益を含む300万ドルを寄付。6月には、原発事故により海外アーティストの来日キャンセルが相次ぐ中、MTVが開催した被災地支援イベントに出演するため来日。10日間の滞在で多くのメディアに出演し、政府からの感謝状も送られた。震災の記憶と共に、緑色の髪をしたこの時期の彼女の姿を覚えている人も少なくないだろう。

そして、レディー・ガガはソーシャルメディアがどういうものであるかを誰よりも先に把握し、その影響力を活用することで頭角を現した最初のスターだった。

2008年にデビューし、奇抜なファッションと度肝を抜くパフォーマンスで一躍ポップ・アイコンの座に上り詰めた彼女は、2011年当時のTwitterのフォロワー数世界1位。ソーシャルメディアにバズを巻き起こし話題性を独占するプロモーションも、自らを「マザー・モンスター」、ファンを「リトル・モンスター」と称してファンダムの結束を図る手法も、先駆的なものだった。

結果、海外のポップカルチャーに興味を持つ層が少しずつ減っていった平成の日本においても、レディー・ガガは例外的に〝誰もが知っている同時代のスター〟としてメディアを賑わせた。この年にアップルが発表したiTunesの年間ダウンロードランキングで「ボーン・ディス・ウェイ」は1位を獲得。この曲が表題曲として収録されたアルバムはCDでも日本で60万枚以上を売り上げ、オリコン発表の年間アルバムランキングでも嵐、AKB48、EXILEにつぐ4位となっている。

そして、何より大きいのは、この曲の持つメッセージ性だ。歌詞には、人種や民族、セクシャリティなど様々な立場のマイノリティを名指しで肯定する言葉が歌われている。

ブラックでもホワイトでも、ベージュでも
チョーラ（混血）の家系でも
レバノン人でも東洋人でも
障害のせいで仲間はずれにされても
いじめられても　からかわれても

自分自身を受け入れて、愛してあげよう
だって　それがあなたなんだから
たとえゲイでも　ストレートでも　バイでも
レズビアンでも　トランスでも　間違ってなんかいないのよ
私は正しい道を歩んでいるわ、ベイビー

デビュー当初から常にマイノリティ側の人間であることを公言し「ゲイ・カルチャーをメインストリームに注入したい」と語ってきたレディー・ガガにとって、「ブラックでもホワイトでも」「ゲイでもストレートでもバイでもレズビアンでもトランスでも」と人種とジェンダーのマジョリティとマイノリティを等しく称揚するこの曲は、表現したいことのど真ん中にあるテーマを歌ったものだろう。

震災を機に「音楽の力」が問い直された2011年。しかし、その力とは、結局のところ何だったのだろうか――。

経済的な支援に役立つ動員力のことだったのか。人々の心に寄り添い感動や癒しを与える作用のことだったのか。「日本を元気に」というような情緒的だが薄っぺらいキャッチフレーズからはその内実は伝わってこない。

しかし、レディー・ガガが歌ったこの曲は、奇矯な出で立ちや振る舞いばかりが注目されていた彼女が、人々の価値観に訴えかけ、そのことで社会に変革をもたらすリアルな「力」を初めてまっすぐに込めたヒットソングだった。

もちろん、何かがすぐに変わったわけではない。しかし、10年代は「多様性」という言葉が市民権を持つ時代になった。ＬＧＢＴＱや性的マイノリティを取り巻く環境も少しずつ変わっていった。そうした状況を振り返った時に、改めてそのことに気付くはずだ。

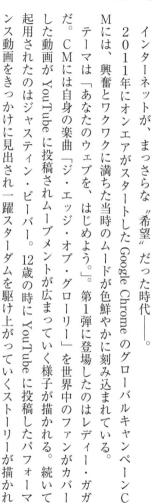

24．ネットカルチャーと日本の〝復古〟
——2012（平成24）年の「千本桜」（黒うさP feat. 初音ミク）

初音ミクが巻き起こした創作の連鎖

インターネットが、まっさらな〝希望〟だった時代——。

2011年にオンエアがスタートしたGoogle ChromeのグローバルキャンペーンCMには、興奮とワクワクに満ちた当時のムードが色鮮やかに刻み込まれている。テーマは「あなたのウェブを、はじめよう。」。第1弾に登場したのはレディー・ガガだ。CMには自身の楽曲「ジ・エッジ・オブ・グローリー」を世界中のファンがカバーした動画がYouTubeに投稿されムーブメントが広まっていく様子が描かれる。続いて起用されたのはジャスティン・ビーバー。12歳の時にYouTubeに投稿したパフォーマンス動画をきっかけに見出され一躍スターダムを駆け上がっていくストーリーが描かれる。

ＣＭのメッセージはシンプルだ。それは、新しいテクノロジーが新しい可能性を生み出しつつある、ということ。インターネットを介して、地域や国境を超えて見知らぬ誰かとつながることができる。たとえ無名であっても、そこに表現と挑戦の場が広がっている。チャンスを摑むことができる。

そんなキャンペーンの〝日本代表〟として登場したのが、初音ミクだった。

キャッチコピーは「Everyone, Creator」。わずか1分のＣＭ動画には、２００７年に歌声合成技術VOCALOIDを用いたバーチャル・シンガーとして発売された初音ミクが、その後数年でどのような現象を巻き起こしていったのかがドラマティックに描かれる。

主役となったのはキャラクターとしての初音ミクではなく、むしろ無数のクリエイターたちだ。誰かが初音ミクで使った楽曲を公開すると、それにインスパイアされた別の誰かがイラストを描いたり、アニメーションを制作したり、「歌ってみた」「演奏してみた」「踊ってみた」動画を投稿したり、コスプレをしたりと、二次創作の連鎖が広がっていく。それが熱狂につながっていく。

このCMのために楽曲「Tell Your World」を書き下ろしたのが、初期からボーカロイドのシーンで活動してきたkzだった。2012年3月、livetune feat. 初音ミク名義でリリースされたこの曲では、こんなフレーズが歌われる。

君に伝えたいことが　君に届けたいことが
たくさんの点は線になって　遠く彼方へと響く
君に伝えたい言葉　君に届けたい音が
いくつもの線は円になって　全て繋げてく　どこにだって

一つ一つの点が線になり、それが円になる。この言葉で表現されているのは、初音ミクがもたらした〝創作の輪〟のことだ。こうして既存の産業構造とは別のところから新しい音楽文化が登場した。最初はアマチュアだった作り手のボカロPたちが次々とメジャーデビューを果たし商業的な成功を収めるようになったのが、2012年頃のことだ。黒うさPによる「千本桜」は、そんな状況を代表する一曲である。

和のテイストがネットカルチャーの外側に波及した

10年代は、ヒット曲を巡る構造と力学が大きく変わった時代だった。

それまでは、CDの売上枚数がそのまま楽曲の人気と結びついていた。ドラマやCMや映画のタイアップで話題になった曲が、シングルCDとして購入される。だからこそ、オリコンのランキングが流行歌の指標として機能していた。

しかし、ソーシャルメディアと動画投稿サイトが普及するにしたがって、曲を聴く、CDを購入するだけでなく、「参加する」という新しい音楽消費の形が生まれるようになった。沢山の人がYouTubeやニコニコ動画に「歌ってみた」や「踊ってみた」動画を投稿することでブームが広がるようになった。それゆえに、CDのセールスランキングからは見えてこないネット発のヒット曲が生まれるようになった。

2012年のオリコン年間シングルランキングでは、1位の『真夏のSounds Good!』から5位の『永遠プレッシャー』までTOP5をAKB48が独占している。6位以下にもSKE48やNMB48などの関連グループ、嵐などジャニーズ事務所所属の男性アイドルグループによるシングルがずらりと並ぶ。CDの売上枚数からは「2012年はアイドル全盛期だった」以外のことは見えてこない。

一方、カラオケのランキングからは別の光景が見えてくる。2012年のJOYSOUND年間カラオケランキングでは1位にAKB48「ヘビーローテーション」、2位がゴールデンボンバー「女々しくて」、そして3位がWhiteFlame feat. 初音ミク「千本桜」。ボーカロイドを用いて作られた楽曲が初めてTOP3にランクインを果たしている。「歌われた回数」を基準にしたカラオケのランキングでは、すでにボーカロイド発のヒット曲が可視化されていた。

では、なぜ「千本桜」はヒットしたのか——。

作者の黒うさPは、サークル「WhiteFlame」の一員として初音ミクの発売以前からコミケなどの同人即売会で自作曲を発表してきたクリエイターだ。初めてボカロ曲をニコニコ動画に投稿したのは2008年。「カンタレラ」など歴史やファンタジー世界を背景にした物語性ある楽曲で人気を集めてきた。

すでにボカロシーンには一定のファン層のあった黒うさPだが、2011年9月に投稿された「千本桜」は、それまでとは桁違いの波及力でネットカルチャーの外側へと広まっていった。一度聴いたら耳から離れないキャッチーさを持つメロディ、和のテイストを持った歌詞やイラストが多くの人を惹きつけた。

特徴的なのは、初音ミクを用いたオリジナルのバージョンだけでなく、むしろ様々なカバーがリスナー層を広げる原動力になったことだ。

2012年9月にはオリジナル・バージョンに加え弦楽四重奏やピアノなど様々なアレンジが収録されたCDアルバム『ALL THAT 千本桜!!』が発売される。2013年にはピアニストのまらしぃが演奏したバージョンがトヨタCMに起用され、2014年には尺八・箏・津軽三味線・和太鼓のメンバーを擁する8人組・和楽器バンドによるカバーが大きな話題を呼ぶ。2015年には歌手の小林幸子によってNHK紅白歌合戦での歌唱も実現した。

大正時代を想起させる異世界SF的な歌詞の物語性もポイントになった。楽曲を原作として様々な物語がメディアミックス的に展開していくことで、現象は音楽マーケット以外へと広がっていった。2013年には楽曲をノベライズした『小説千本桜』が発売され、『音楽劇 千本桜』としてミュージカル化された。さらに2016年には、この曲を原作とした新作歌舞伎『今昔饗宴千本桜』の上演が、歌舞伎役者・中村獅童と初音ミクの共演によって実現した。

作者の黒うさPは、インタビューでこの曲のヒットの理由を問われ、こう分析している。

タイミングがやっぱり大きかったのかなと思います。（発表したのが）ちょうど震災の年だったんですよね。それで日本を応援するみたいなイメージで捉えられたのかなと。曲にもジャパンっていうイメージがあって、それは大正ロマン的なものだったりもするんですけど。僕自身も当初から応援歌みたいなものとして、作っていたので。

（『ビルボードジャパン』２０１５年12月25日公開）

また、歌舞伎の演目「義経千本桜」から曲作りのアイディアを得たことも明かしている。

「千本桜」に関しては、もともとは「義経千本桜」というものがあるんです。人形浄瑠璃や歌舞伎の演目で、要するに日本の伝統芸能なんだけど。それをコンセプトにしたかたちの曲作りからスタートしてるんですよね。（中略）伝統芸能と今の文化の交流みたいなものが、こういうことが起点になれば面白いよね、と思っていて。（『Kurousa

Works feat. 初音ミク　黒うさP作品集』アスキー・メディアワークス）

「千本桜」のヒットの背景には、ネットカルチャーと日本の伝統芸能を結びつける楽曲の着想があった。初音ミクのオリジナル・バージョンだけでなく、和楽器バンドや演歌歌手の小林幸子によるカバーが話題を広げる役割を担ったのは、ある種の必然でもあった。

そして、自然発火的に広がったそのムーブメントの隣には、00年代から10年代にかけて2ちゃんねるや関連まとめサイトに集う人々の中で醸成された国粋主義的な言説もあった。そこには震災からの〝復興〟を日本という国の〝復古〟に結びつけるような、当時の社会の無意識的な風潮も関連していたのではないだろうか。

「日本を、取り戻す」

2012年12月、秋葉原駅前で当時の自民党総裁だった安倍晋三はこう演説している。年末に行われた総選挙で自民党が圧勝し再び政権の座についたのがこの年だ。

平成という時代の後半は、まっさらな〝希望〟だったインターネットの可能性が、政治的なパワーを持った〝動員〟の力学へと変質していく時代でもある。

25. 踊るヒット曲の誕生
――2013（平成25）年の「恋するフォーチュンクッキー」（AKB48）

AKB48の〝本当のヒット曲〟

「〝恋チュン〟踊れば、嫌なことも忘れられる」

2013年8月21日にリリースされたAKB48の32枚目のシングル『恋するフォーチュンクッキー』には、こんなキャッチコピーがついていた。

この曲は、シングル曲への参加メンバーをファン投票で決めるAKB48の恒例行事「選抜総選挙」で指原莉乃が1位を獲得したことを受けて作られた曲だ。そこには、最初から「みんなで踊る」意図が込められていた。

初のセンターをつとめることになった指原は、総合プロデューサーの秋元康から「次の曲は音頭に決まりました」とメールがあったというエピソードを明かし、その第一印

象をこう語っている。

　正直な話をしていいですか？　最初にこの曲を聴いた時は、超イヤだったんです。スローテンポだし、疾走感がない。ぜんぜんいい曲とは思えない！（『逆転力　～ピンチを待て～』講談社ＭＯＯＫ）

　いわゆるディスコ歌謡ナンバーのこの曲は、ライブ会場で掛け声を入れて盛り上がることを想定したそれまでのＡＫＢ48のアイドルポップス路線とは一線を画する曲調だった。それゆえ当初はファンの間で違和感を表明する声もあったが、それ以上に、この曲のおおらかで親しみやすいメロディ、70年代のフィリー・ソウルを彷彿とさせるダンサブルな曲調が大きな評判を巻き起こした。近田春夫は『週刊文春』の連載「考えるヒット」で「未来永劫、残り続ける〝マスターピース〟になるだろう」と絶賛。他にも多くの人がこの曲を好意的に受け入れ、結果としてファン以外にも広く浸透していった。指原は続けてこう語っている。

この曲が今までにないかたちで、世の中に広がっていくのを感じていました。その結果、私の心境はがらっと変わります。「この曲、超いい曲じゃん！」。

この曲がそれまでと違う波及力を持って広まっていった理由は、パパイヤ鈴木が担当したシンプルな振付とミュージックビデオの仕掛けにもあった。7月には楽曲のリリースと公式MVの公開に先立って、AKB48の劇場や関連スタッフたちがこの曲のダンスを踊る「STAFF Ver.」がYouTubeに公開される。オフィシャルブログにはこんな文章が綴られていた。

恋するフォーチュンクッキーは、老若男女、どこでも、誰でも簡単に踊れる「踊ったもん勝ち」のダンスです。学園祭、お誕生日会、町内会……様々な場所で、皆さま是非とも楽しく踊ってみて下さい。

これが一つのきっかけになり、各地で「踊ってみた」動画が投稿された。ファンだけでなく、サイバーエージェントやサマンサタバサや日本交通などの企業、佐賀県や神奈川県などの自治体も含めて様々な人たちがこの曲を踊り、そのことによって「恋チュン」は瞬く間に社会現象化していった。

秋元康は、音楽教養番組『亀田音楽専門学校　シーズン3』（NHKEテレ、2016年1月28日放送）に出演した際、番組のホストをつとめる亀田誠治のインタビューに応えてこう語っている。

クラブに行って、みんながバラバラに音楽にノッているのを見て「俺たちの時代と全然違うな、俺たちの時代はみんな同じ方向を向いて、同じ振りで踊ってたな」と思ったんです。あれをやりたい。あの楽しさを今の子たちに教えたい。みんなが一緒に揃うと面白いよっていうのが『恋するフォーチュンクッキー』です。だから、ああいうディスコサウンドをやりたかった。「一緒に何かをすること」が歌の持つ役割になったのかもしれないですね。

こうしたタイプのヒット曲が生まれたのは日本だけではない。

2013年11月にリリースされたファレル・ウィリアムスの「ハッピー」も、ダンス動画の投稿がムーブメントを巻き起こし世界各国でチャート1位を記録している。

10年代初頭はYouTubeとSNSをきっかけに各地で〝踊るヒット曲〟が生まれた時代だ。「恋するフォーチュンクッキー」はその代表だった。

また、10年代は、AKB48によってヒットチャートが〝ハック〟された時代でもある。シングルCDに握手会への参加券や選抜総選挙への投票券を封入することによって、一人のファンが複数枚を購入することが常態化した。それによって、2011年から2019年までのオリコンの年間シングルランキングでは、ほぼ全ての年において1位から5位までをAKB48や関連グループが独占する結果となっている。

そんな中で、曲自体がブームを巻き起こし社会現象化した数少ない例、すなわちAKB48の〝本当のヒット曲〟のひとつが「恋するフォーチュンクッキー」だったのである。

『あまちゃん』と「アイドル戦国時代」

人気絶頂期にあったのはAKB48だけではない。2013年は「アイドル戦国時代」と呼ばれた女性グループアイドルのブームがピークに達した年だった。10年代に入ると、ももいろクローバーZやでんぱ組．incがブレイクを果たし、他にも数々のグループが人気を拡大。アイドルシーンは群雄割拠の様相を呈した。

10年代初頭のアイドル戦国時代にはそれまでのアイドルブームと構造的な違いがあった。それはテレビなどのマスメディアではなくライブを中心に活動する「ライブアイドル」が増えたことだ。

2010年に始まった「TOKYO IDOL FESTIVAL」などフェス形式のイベントが定着し、即売会や物販などでファンとコミュニケーションをとる機会も増えた。マスメディアへの露出に頼らず活動を行えることで、東京ではなく全国各地に拠点を置く「ご当地アイドル」や「ローカルアイドル」と呼ばれるグループも人気を拡大した。

NHK連続テレビ小説『あまちゃん』が放送され大きな話題を巻き起こしたのも2013年のことだ。ヒロインが東北・北三陸の小さな田舎町を舞台に地元アイドルとして町おこしに奮闘し、上京して様々な挫折に直面するストーリーを描いた『あまちゃん』は、東日本大震災とそこからの復興を物語の軸に据えたことも含めて、当時の時代背景を鮮烈に切り取ったドラマだった。

この年のNHK紅白歌合戦では、「あまちゃん特別編　157回　おら、紅白出るど」と題した一幕で、劇中に登場するアイドルユニット「潮騒のメモリーズ」に扮した能年玲奈（現：のん）と橋本愛などキャストたちが登場し、挿入歌「潮騒のメモリー」や「地元に帰ろう」を歌った。

そして、同じ紅白の舞台でＡＫＢ48が披露した「恋するフォーチュンクッキー」では、グループ総勢１１０人に加えて、くまモン、ふなっしーなどのゆるキャラもダンスに参加している。

ちなみに、熊本県のＰＲマスコットキャラクターとして誕生したくまモンを一躍有名にした「ゆるキャラグランプリ」は、「TOKYO IDOL FESTIVAL」と同じ２０１０年に始まっている。

こうして見ると、ローカルアイドルとゆるキャラのブームが地域振興という視点から相似形をなしていたことがわかる。

『あまちゃん』とＡＫＢ48とくまモンが同じステージに立っていた２０１３年の紅白歌合戦は、アイドルとゆるキャラがもたらす「賑わいと祭り」が地域活性化に結びついていた当時の一つの象徴と言えるのではないだろうか。

そして、「〝恋チュン〟踊れば、嫌なことも忘れられる」というこの曲のキャッチコピーにはもうひとつの大事なポイントがある。それは「嫌なことも忘れられる」というフレーズだ。

嫌なこと、とは何だろうか。

もちろん、「踊ることで日常の憂さを晴らそう」というメッセージとして文字通りに捉えるのが自然だろう。しかし、当時のグループを巡る状況からは違う含意も読みとれる。

アイドルという枠組みを超え存在自体が社会現象化していた当時のＡＫＢ48は、同時に多くの軋轢も生み出していた。中でもクローズアップされていたのは恋愛禁止というルールの存在だ。

その当事者の一人が指原だった。彼女は２０１２年６月に『週刊文春』に研究生時代の恋愛が報じられ、その処分としてＨＫＴ48への移籍が命じられている。指原は当時をこう振り返っている。

ルールを破ったというはっきりした証拠が見つかった場合、運営サイドからなんらかの判断が下されることになっていました。謹慎、研究生への降格、活動辞退。私としては、ＡＫＢ48を辞めようと思っていました。(『逆転力』)

さらに２０１３年1月には初期からの中核メンバーだった峯岸みなみが、スキャンダル報道を受け坊主頭になって謝罪したという事件もあった。スキャンダルそのものよりも、それによってメンバーが精神的にここまで追い込まれてしまう運営側のパワハラ体質、体育会的な価値観が大きな批判を集めた。

しかし、この年6月の選抜総選挙で指原が1位となり、「恋するフォーチュンクッキー」がリリースされ、8月から9月にかけて「踊ってみた」のムーブメントが広まっていくなかで、ＡＫＢ48にまつわるこうしたネガティブなイメージはあっという間に後景化していった。

〝嫌なこと〟は、見事に忘れられたのである。

平成は、いわばモラトリアムの時代だった。

特にその最後の10年は、当時まだ根強く残っていた昭和の価値観の残滓を洗い流す機会を先送りにしていった、文字通りの「支払い猶予」の期間でもあった。

「恋チュン」を踊り東京五輪の招致に沸いた2013年は、そんな時代のムードを象徴する1年でもあった。

26. 社会を変えた号砲
――2014（平成26）年の「レット・イット・ゴー ～ありのままで～」

〝ありのまま〟の魔法

「この曲はあなたたちへの愛にインスパイアされて書いた曲。どうか、ユニークな自分であることを恥じたり、恐れたりしないで」

　2014年3月3日（日本時間）、ロサンゼルス。『アナと雪の女王』の主題歌「Let It Go」の作詞作曲を手掛け第86回アカデミー賞の歌曲賞を受賞したソングライターのクリステン・アンダーソン・ロペス、ロバート・ロペス夫妻は、オスカーを手に、壇上からのスピーチで二人の娘にこう謝辞を告げた。

　2013年11月末公開のアメリカを皮切りに50ヶ国で興行成績1位を獲得した映画『アナと雪の女王』は、2014年3月14日公開と最後の公開国になった日本でも、記

録的なヒットを達成した。

観客動員数は2000万人、興行収入は250億円を超え、当時の歴代興行収入ランキングでは『千と千尋の神隠し』『タイタニック』に続く3位。主人公のエルサ役をつとめた松たか子が劇中歌として、May J.がエンドソングとして歌った日本語版の主題歌「レット・イット・ゴー～ありのままで～」も、「アナ雪」旋風と共に大きな社会現象を巻き起こした。

シングルCDとしてはリリースされなかったのでオリコンの年間シングルランキングには登場していないが、同曲はYouTubeの年間再生回数ランキング、iTunesやレコチョクの年間ダウンロードランキング、JOYSOUNDカラオケ総合ランキングなど各種ランキングで軒並み1位を獲得している。間違いなくこの年を代表するヒット曲だ。

そしてこの曲は、確実に時代の趨勢を変えた。

「Let It Go」は『アナと雪の女王』のストーリー前半の最も印象的なシーンで歌われる一曲だ。生まれつき雪と氷の魔力を持っていたエルサは、幼い頃に魔力で妹のアナを傷つけてしまったことから、ずっと自分の本当の姿を隠して生きていた。しかし戴冠式の日に人前で魔力を発揮してしまったエルサは、城を飛び出して一人山に向かう。まとめていた髪をおろし、つけていたティアラを投げ放ち、あたり一帯を氷の世界に変えながら、高らかにこの曲を歌い上げる。過去と決別して「ありのままの自分」として、自由に生きること。それを力強く宣言するのがこの曲だ。

日本語版の歌詞で「とまどい　傷つき／誰にも　打ち明けずに　悩んでた／それももう　やめよう」と歌うサビ前のラインは、英語版では「誰も入れてはいけない　誰にも見られてはいけない　いつも大人しい女の子でいなくちゃ／力を隠して　感じずに　知られないように／でも　もう知られてしまった」と、よりストーリーに沿った意味を持つ歌詞になっている。これまで自分を縛り付けてきた抑圧を解き放つことに焦点が当てられている。

アメリカの公共ラジオ局NPRの人気番組『Fresh Air』で行われたロペス夫妻へのインタビューでは、この曲の誕生秘話が語られている。当初のエルサは悪役のキャラクターで、アナとのダブルヒロインという設定になったのは、この曲が生まれてからのことだったという。

「『Let It Go』のシーンは、シャイで、抑圧されて、ありのままの自分でいることを恐

れてきた少女が変貌をとげる瞬間だと思った」（ロバート）

「世界中の子供たちに、自分のあるべき姿を恐れたり、恥じたりするなというメッセージを伝えたかった」（クリステン）

ディズニー映画初のダブルヒロインとなった『アナと雪の女王』は、伝統的なディズニープリンセス像からの脱却を明確に打ち出した作品だった。インタビューでは、この曲のテーマの一つが女性のエンパワーメントであること、ジェニファー・リー監督にフェミニズムの視点があったことも明確に語られている。

ストーリーの中で、アナは氷を溶かすために「真実の愛」が必要だと告げられる。けれど、その「真実の愛」は、これまで『白雪姫』や『眠れる森の美女』などのディズニーアニメで繰り返し描かれてきた「王子様のキス」ではない。男性に与えられるものではなく、自らの主体的な行動が、問題解決のキーになる。

作中に、雪だるまのオラフの、こんな台詞がある。

「愛っていうのは、自分より人のことを大切に思うことだよ」

物語の中には、「白馬に乗った王子様」が訪れるのを待つような古典的なプリンセス像は登場しない。描かれているのは、自分のあるべき姿を追い求め、生まれ持った強さを受け入れていく若い女性たちの物語だ。

きっと多くの人が、「Let It Go」という曲を自分自身の歌として受け止めただろう。

だからこそ、この曲は一つの〝号砲〟になった。

映画プロデューサーのハーヴェイ・ワインスタインによるセクシャルハラスメントと性的虐待の告発をきっかけにハリウッドから「#MeToo」運動が起こり、ハラスメントを黙殺していた時代を終わらせようと「タイムズ・アップ」運動へとつながっていったのは２０１７年から２０１８年にかけてのことだ。

性差別の解消、旧来的な「男らしさ」や「女らしさ」といったジェンダー規範からの解放も、10年代の後半から20年代にかけて社会全体のテーマとして急速に前景化していった。

もちろん、社会の課題がすぐに解決されるわけではない。

しかし、一曲に込められた魔法が、世の中を変えてしまうことがある。本当のヒット曲には、それくらいの力がある。

27. ダンスの時代の結実
――2015（平成27）年の「R.Y.U.S.E.I.」（三代目 J Soul Brothers from EXILE TRIBE）

ストリーミングに乗り遅れた日本

「音楽の楽しみ方のすべてを一つに。」

2015年6月30日。そんなキャッチコピーと共に、アップルはサブスクリプション（定額制）の音楽ストリーミングサービスApple Musicを世界100ヶ国以上で開始した。時を同じくしてLINE MUSICなど同様のサービスもスタート。この年の9月には世界最大手の映像配信サービスであるNetflixが日本でのサービスを開始している。

Spotifyの日本上陸は翌2016年9月にまで持ち越されることになるが、ともあれ、音楽にしても、映像にしても、コンテンツをストリーミング配信で楽しむ時代が本格的に幕を開けたことになる。

音楽産業の構造も大きく変わりつつあった。

ＩＦＰＩ（国際レコード産業連盟）の発表によれば、２０１５年にはグローバルな音楽市場におけるデジタル配信の売上が初めてＣＤなどのパッケージメディアの売上を上回り、音楽産業全体の収益も１９９８年以来17年ぶりのプラス成長となった。北米とヨーロッパを中心とした海外の音楽産業においては、長らく続いた不況が終わり、ストリーミングが収益の軸となる次のフェーズが始まろうとしていた。

しかし、日本の音楽業界は明らかにデジタル化の波に乗り遅れていた。ＣＤ市場が根強く残り、そのことでヒットチャートは歪なものになっていた。

２０１５年のオリコン年間シングルランキングは1位の『僕たちは戦わない』から4位までをＡＫＢ48が独占。5位から10位もＳＫＥ48、乃木坂46、嵐、ＮＭＢ48の楽曲が並び、ＡＫＢグループとジャニーズが巨大勢力として日本のエンタメを席巻していたと言うべき結果となっている。しかし、この頃は、握手券やイベント参加券などの特典商法がＣＤ売上を押し上げ、オリコンランキングが流行歌の指標として機能していないことが可視化された時代でもある。ＣＤランキングを見ても世の中で流行っている曲がわからないという事態が常態化していた。

では、そんな2015年の〝本当のヒット曲〟は何だったのか?

筆頭候補に挙げられるのは三代目J Soul Brothers from EXILE TRIBEの「R.Y.U.S.E.I.」だろう。2014年6月にリリースされたこの曲は、オリコンに代わりヒットチャートとしての信頼性を増しつつあったビルボードジャパンの総合ソングチャート「HOT 100」で2015年の年間総合首位を獲得。他にもUSEN HITランキング、DAMカラオケリクエストランキング、レコチョクランキングで2015年の年間1位となっている。コンビニや飲食店などのBGMとして最も多く街鳴りし、カラオケで歌われ、ダウンロードされたのがこの曲ということだ。メンバー全員が踊るランニングマンのダンスもブームとなり、グループの代名詞となった。

これらのチャートの上位を見ると、他にはSEKAI NO OWARIの「Dragon Night」や、映画『STAND BY ME ドラえもん』の主題歌となった秦基博の「ひまわりの約束」、ゲスの極み乙女。のブレイクのきっかけになった「私以外私じゃないの」といった曲が並ぶ。このあたりを、CDランキングから見えてこない2015年の流行歌とみなしてよいだろう。

拡大するＥＸＩＬＥとＨＩＲＯのリベンジ

そもそも三代目J Soul Brothers from EXILE TRIBEとはどういうグループなのか。その来歴は、１９９９年にデビューした初代J Soul Brothersの成り立ちに遡る。

このグループ名は、その昔、僕が仲間とボビー・ブラウンのライブで踊ったときにボビー・ブラウンその人が「Japanese Soul Brothers」と名づけてくれたことに始まる。

ＥＸＩＬＥ ＨＩＲＯ（五十嵐広行）は著書『ビビリ』（幻冬舎文庫）の中でこう記している。

ボビー・ブラウンは90年代初頭のダンスブームの火付け役の一人。服装や髪形を真似した「ボビ男」も流行となった。その来日公演のバックでＨＩＲＯが踊ったのは１９９１年のことだ。

当時のＨＩＲＯはダンス＆ボーカルユニットＺＯＯのメンバーでもあった。ｔｒｆ「EZ DO DANCE」の項で書いたように、エイベックス創業者の松浦勝人とは横浜の貸レコード店「友&愛」の常連客だった高校時代からの先輩、後輩の間柄だ。六本木のディスコ「マハラジャ」で店員として働きながらダンサーとしてのキャリアを始めたＨＩＲＯは、エイベックスと小室哲哉が成し遂げた90年代の「ダンスミュージックのＪ－ＰＯＰ化」の潮流の中心にいた一人だ。

しかしデビュー当初のJ Soul Brothersは全く売れなかった。当時はＴＫブームが失速し宇多田ヒカルの登場が大きなセンセーションを巻き起こしていた頃だ。DREAMS COME TRUEのサポートメンバーとして武道館のステージには立つも、約2年の活動を経て初代ボーカリストが脱退。新たにＡＴＵＳＨＩ、ＳＨＵＮの2名を加えて２００１年にＥＸＩＬＥとして再始動する。

ＨＩＲＯにとってのＥＸＩＬＥは再勝負だった。上手くいかなかった初代J Soul Brothersだけでなく、「Choo Choo TRAIN」（１９９１年）でブレイクするも１９９５年に解散したＺＯＯのリベンジでもあった。ブームの浮沈に流されずダンサーが活躍する基盤を築き上げることが当初からのビジョンだった。

２００２年、ＨＩＲＯは所属事務所ＬＤＨの前身となる有限会社エグザイルエンタテイメントを立ち上げ、代表取締役社長に就任する。資本金３００万円は当時のＥＸＩＬ

Eメンバー6人が50万円ずつ出資した。

ブレイク後もEXILEの拡大路線は変わらなかった。2006年には初代ボーカリストSHUN（清木場俊介）の脱退を受けてAKIRAが加入、続いてオーディションによってTAKAHIROが加入。2007年にはそのオーディションに参加していたメンバーを含む7名で二代目J Soul Brothersが始動する。その7名は2009年2月のメジャーデビューアルバムのリリース数日後に全員EXILEに加入し、この時点でEXILEは14名体制となる。

そして2010年、二代目J Soul BrothersのメンバーだったEXILEのパフォーマーNAOTO、NAOKI（小林直己）をリーダーに、新たに開催され約3万人が参加したオーディションの合格者となった今市隆二、登坂広臣をボーカリストに選出し7名で結成されたのが三代目J Soul Brothersだ。

2011年からLDHは「EXILE TRIBE」というブランドを打ち出し、EXILEや三代目J Soul Brothersなど複数のグループがそこに所属する体制となった。

各グループのメンバー合計は数十人を超え、EXILEは単なるダンス&ボーカルグループから、LDHの頭文字「Love, Dream, Happiness」という理念を共有する文字通りの〝部族〟へと拡張していった。ＬＤＨ自体も単なるアーティストの所属事務所だけでなく、ダンススクール運営、アパレル、飲食業など経営を多角化していった。

10年代前半は、アメリカ発のダンスミュージックの潮流であるＥＤＭが世界的なブームになった時代でもある。その熱狂は日本にも届いていた。２０１４年には世界最大級のＥＤＭフェス「ULTRA」の日本版「ULTRA JAPAN」が初開催され、大きな盛り上がりを見せている。

当時急速に普及していたインスタグラムを中心に、ＳＮＳには会場のフォトスポットで撮影された参加者のファッショナブルな写真投稿が相次いだ。「インスタ映え」という概念が一般化したのもこの頃だ。

２０１５年のULTRA JAPANでは、初日のヘッドライナーをつとめたアフロジャックのステージに三代目J Soul Brothersがサプライズ出演し、アフロジャックのプロデュースのもとこの年に発表された「Summer Madness」を披露している。「R.Y.U.S.E.I.」のヒットはこうしたＥＤＭブームの反映でもあった。が、それ以上に、ダンスという文化を日本のライフスタイルに根付かせたＨＩＲＯのリベンジの達成でもあったはずだ。

28. ヒットの力学の転換点
――2016（平成28）年の「ペンパイナッポーアッポーペン」（ピコ太郎）

天皇とSMAPが示した平成の終わり

2016年の夏は、平成の〝終わり〟が強く意識された季節だった。

この年の8月8日、天皇陛下は異例のビデオメッセージで国民に生前退位の意向を伝えた。そのわずか数日後の8月14日、SMAPが年内の解散を発表する。二つのニュースは瞬く間に日本中を駆け巡った。多くの人が時代の転換点の到来を予感した。

本書で繰り返し書いているように、SMAPは平成という時代を最も象徴するグループだった。

沢山の人が、彼らに「終わらない日常」という共同幻想を重ねていた。タモリが司会をつとめ、中居正広、草彅剛、香取慎吾が2014年の番組終了時までレギュラー出演を続けてきた『笑っていいとも！』や、5人が最後まで揃って出演した『SMAP×SMAP』はその代表的なイメージだ。

昭和の高度経済成長時代を支えた団塊世代の価値観を「東京タワーで昔見かけたみやげ物に　はりついてた言葉は　『努力』と『根性』」と軽やかな皮肉で過去のものとして、「寝グセだらけの顔で　なんだかなぁ　もう」「かっこわるい　毎日をがんばりましょう」と冴えない日常を生きていくことを称揚した「がんばりましょう」も、2つの震災の後に繰り返し歌われたことも含めて、平成の時代精神を代表する曲になった。

「世界に一つだけの花」のCDシングルはこの年だけで40万枚以上を売り上げ、オリコン年間シングルランキングの12位にランクインしている。喪失感を抱えたファンによる購買運動が自然発生的に巻き起こった結果だ。

ただし、CDシングルの売上ランキングが流行歌の指標として機能していないことは最早誰の目にも明らかだった。2016年のオリコン年間シングルランキングはAKBグループとジャニーズが上位25位を独占している。

これまでのヒットの〝法則〟が無効化している。数十年にわたってある種の権威として機能してきたオリコンランキングが崩れていく。そういう問題意識から筆者が『ヒットの崩壊』を上梓したのがこの年だ。

「ヒットが見えにくい時代になった」

同書で筆者はこう書いた。しかし数年後の視点から改めて振り返ると、それはあくまで旧時代の尺度で物事を捉えていたに過ぎなかったという反省がある。

CDセールスに加えダウンロードやストリーミング、動画再生回数など各種指標をポイント化して合計するビルボードジャパンの総合ソングチャート「HOT 100」を見ると、2016年においても、その年を代表するヒット曲がきちんと可視化されていることがわかる。

ビルボードジャパン「HOT 100」の年間総合1位は、オリコンと同じくAKB48「翼はいらない」。しかし2位以下の顔ぶれは大きく異なる。2位はRADWIMPS「前前前世」。8月26日に公開され記録的な興行収入成績となった新海誠監督の映画『君の名は。』の主題歌だ。3位は星野源「恋」（この曲については後述する）。4位はAKB48「君はメロディー」、5位はSMAP「世界に一つだけの花」。そして6位にランクインしたのが、ピコ太郎「ペンパイナッポーアッポーペン」。お笑い芸人の古坂大魔王がプロデュースを手掛ける「謎の千葉県出身シンガーソングライター」ピコ太郎が8月25

日にYouTubeに発表した一曲だ。

「PPAP」という通称で世界中に広まっていったこの曲こそ、それまでの〝法則〟や〝方程式〟が崩壊しつつあった2016年に、偶発的な経路で世を席巻する新しい時代のヒットが登場したことの象徴だった。

古坂大魔王はピコ太郎をどう生み出したのか

ピコ太郎が巻き起こした現象は誰も予想できないものだった。なにしろ9月までほぼ誰も知らなかった存在である。最初にあったのは、ヒョウ柄の派手な衣装を身にまとった中年男性が「ペン」「パイナッポー」「アッポー」「ペン」とナンセンスなフレーズを繰り返しながら音に合わせてリズミカルに踊る1分余りの短い動画だけだ。

宣伝も何もなかった。しかし、その中毒性を持ったフレーズとユーモラスなダンスが、SNSを通じて波紋のように広がっていった。

まずは10代がユーザーに集う動画コミュニティーアプリ「MixChannel（現・ミクチャ）」で人気ユーザーがダンスを真似した動画を投稿し中高生に話題が広まっていく。それが英語圏の画像投稿サイト「9GAG」で紹介され、Facebookを通じて海外に話題が伝播する。そこからアメリカ、ヨーロッパ、アジアなど各国のユーザーがYouTubeにダンス動画を投稿し、メタルバージョンやバラードバージョンなど様々なアレンジも相次いだ。〝悪ノリ〟の面白さに駆動され、動画は国境を超えて拡散していった。

そして公開から1ヶ月後の9月27日、世界有数のフォロワー数を誇るジャスティン・ビーバーが「My favorite video on the internet（僕のお気に入りのネット動画）」として涙を流して笑う絵文字と共にツイッターで紹介。ここから話題の規模は世界中で一気に拡大した。イギリスのBBCは「頭から離れない」、アメリカのCNNは「ネットが異常事態」などと報じた。

結果、動画の再生回数はその年だけで1億回を超え、世界全体の「年間トレンド動画ランキング」2位となる。ランクインは日本初の快挙だ。関連動画も含めると再生回数は数億回を超えた。

「PPAP」が画期的だったのは、それが「お笑いのネタ動画」として日本国内だけで消費されるのではなく、「楽曲」として国境を超えて広まり浸透していったことだった。

ピコ太郎が日本的なお笑いの要素だけだったら、海外でのヒットは無かったと思います。

古坂大魔王はこう分析している（『avex.com』インタビュー、2018年9月21日公開）。

お笑いトリオ「底ぬけAIR-LINE」のメンバーとしてデビュー、90年代には『ボキャブラ天国』（フジテレビ系）にたびたび出演し人気を博していた彼。爆笑問題や同期の海砂利水魚（現・くりぃむしちゅー）、ネプチューンなど周囲の芸人はその才能を高く評価していたが、番組終了以降、テレビでの出番は徐々に減っていた。

こうした状況を受け古坂は2003年にはお笑いを一時休止しNO BOTTOM!というテクノユニットで音楽活動をスタートさせる。レコーディング機材も揃え、自ら作曲やプログラミングをできる環境も整えた。そのNO BOTTOM!のCDリリース元となり、結果として2008年にピン芸人としての活動を再開した古坂大魔王の所属事務所となったのがエイベックスだった。古坂はこう振り返る。

そもそも僕はお笑い芸人としてエイベックスに入ってないんですよ。例えばバブルガム・ブラザーズって漫才師だったのに、「WON'T BE LONG」一発で他のお笑いを横から抜いていったじゃないですか。ああいうのいいなと。元々はドリフターズさんやとんねるずさんも好きだったし、お笑いと音楽の両方をする人が好きだった。（同前）

「PPAP」のバックトラックは、1980年に発売されテクノやヒップホップの数々の名曲に用いられたローランドのTR-808というリズムマシンを使って作られている。レトロな機材のチープな音色を軸に、なかでも特徴的なカウベルの音色がアクセントになっている。こうした音楽制作面での細部へのこだわりが大きなポイントになった。

古坂は著書『ピコ太郎のつくりかた』（幻冬舎）でこう解説している。

「欧米でダンスミュージックの人気が際限なく高まっている様子を見た僕は『次に流行るのはチープシンセかもしれない』と仮説を立てた。『TR-808』のような古いマシンを敢えてド真ん中で使う。そこにピコ太郎の鼻歌をかぶせれば、くだらなくて、でも歴史を追っている音好きにはマニアックで、誰も作ったことのない動画が作れると思った」

「徹底的にマニアックにこだわるけれど、お客さんにはわかりやすく差し出す。この矛盾を乗り越えられたときに、大人から子どもまで世界中の人が愛してくれるコンテンツになっていくのだと思う」

この年の9月にSpotifyが日本でのサービスを開始するなど、ストリーミングサービスのプラットフォームが急速に整備されつつあったことも現象を後押しした。

動画の公開から1ヶ月半、ジャスティン・ビーバーのツイートから10日後の10月7日に、「PPAP」は世界134ヶ国で「楽曲として」配信が開始される。

結果、「PPAP」は10月19日付の全米ビルボードチャートで77位にチャートイン。日本人のトップ100入りは1990年の松田聖子以来26年ぶりの快挙となり、同曲は「全米ビルボードトップ100に入った世界最短曲」としてギネス記録にも認定された。

年末にはピコ太郎は紅白歌合戦に初出場。翌2017年の3月には武道館公演も実現する。まさに狂騒のようなフィーバーだった。

バイラルヒットと感染症

「PPAP」とは何だったのか。

インターネット上で話題となることを意味する「バズる」という言葉が当たり前に用いられるようになった20年代から現象を振り返ると、その本質がハッキリとわかる。この曲は「ショートムービー（短尺動画）が駆動するバイラルヒット」の先駆けだった。

バイラルとは英語で「ウィルス性の」という意味を示す言葉だ。バイラルヒットとは、マスメディアによるプロモーションではなく、あたかもウィルス性の感染症のように、SNSを介して人から人へと流行が広まっていくことによるヒットのことを意味する。ジャスティン・ビーバーのような〝スーパースプレッダー〟が大きく寄与することも含め、バイラルヒットと感染症の流行は似た面を持っている。

もうひとつ指摘すべき重要なポイントは、この年の9月に「TikTok」の運営会社であるバイトダンスが中国本土で前身サービスの「抖音（Douyin）」を設立している、ということだ。バイトダンスは翌2017年にアメリカで人気を広げていた競合サービス「musical.ly」を買収し、TikTokのサービスを開始する。音楽に乗せて数十秒の短い動画を投稿するショートムービー・プラットフォームのTikTokは爆発的に拡大し、そこからわずか2年でグローバルなポップミュージックのシーンに大きな影響を与えるプラットフォームへと急成長を果たした。

その象徴が、2019年3月にリリースされ全米シングルチャートで歴代最高記録となる19週連続1位を獲得したリル・ナズ・Xの「Old Town Road ft. Billy Ray Cyrus」だ。全く無名の存在から一躍ヒットチャートを駆け上がったリル・ナズ・Xをスターダムに押し上げたのがTikTokだった。この曲を使った動画投稿の流行がユーザーたちの間で自然発生的に巻き起こったのがその要因だった。

20年代のヒットとは、もはや90年代のような〝法則〟や〝方程式〟で語れるものではなくなっている。むしろ感染症と同じように、最新の数学や物理学をもとにした〝数理モデル〟で解析すべき現象となっている。

ピコ太郎が立っていたのは、そんな時代に向かう転換点でもあった。

29. 新しい時代への架け橋
――2017（平成29）年の「恋」（星野源）

物語とダンスの相乗効果

「ニッポンのみなさん！　踊ってますかー⁉」

はちきれんばかりの笑顔で星野源が叫ぶ。「夫婦を超えてゆけ」と高らかに歌い、演出振付家ＭＩＫＩＫＯ率いるダンサー集団ELEVENPLAYがエネルギッシュなダンスを見せる。カメラが審査員席を捉えると、ゲスト審査員として出演していた新垣結衣が照れながらその「恋ダンス」を踊る。２０１６年の紅白歌合戦のハイライトの一つとなったシーンだ。

星野源と新垣結衣が主演したドラマ『逃げるは恥だが役に立つ』（ＴＢＳ系）の主題歌として書き下ろされ、２０１６年10月５日にリリースされた星野源の「恋」。この曲は様々な現象を巻き起こした。

まずはドラマが大きな話題を集めた。視聴率は初回の10・2パーセントから話を重ねるごとに伸び、12月20日放送の最終話は20・8パーセント。「ムズキュン」という流行語を生んだラブストーリーとしての魅力だけでなく、「契約結婚」というモチーフから既存の結婚制度やジェンダー意識を問い直す社会性を持った物語の内容も大きな反響を呼んだ。

加えて、毎回のエンディングではドラマの出演者たちが曲にあわせてダンスを踊り、それが通称「恋ダンス」としてブームになった。物語とダンスの相乗効果がヒットに結びついたわけだ。

2017年もその勢いは止まらなかった。

ビルボードジャパン総合ソングチャート「HOT 100」では、「恋」が2位以下に3倍近くのポイント差をつけ2017年の年間総合1位を獲得。レコチョク発表のダウンロードランキング、JOYSOUNDとDAM発表のカラオケランキング、TSUTAYA発表のレンタルランキング、USEN発表のリクエストランキングなど、各種ランキングでも軒並み1位。「恋」は名実ともに2017年最大のヒット曲となった。

唯一、オリコンの発表したシングルCDのセールス年間ランキングではAKB48『願いごとの持ち腐れ』が1位となりグループが上位4位を独占したが、その結果とは対照的に、もはやAKB48の人気退潮は明らかだった。

ちなみに、ビルボードジャパンの「HOT 100」で2017年の年間総合2位となったのは、この年1月にリリースされたエド・シーラン「シェイプ・オブ・ユー」だった。全米11週連続1位、全英15週連続1位という快挙を成し遂げ、世界各国で記録的なヒットとなった一曲だ。

10年代後半に至り、グローバルな音楽産業の状況は大きく変容していた。

音楽市場はSpotifyやApple Musicなどのストリーミングサービスからの収益が主軸になり、全体の売上もV字回復を示していた。「売れた枚数」から「聴かれた回数」へと、ヒットの基準も変わりつつあった。「シェイプ・オブ・ユー」も、各国で圧倒的なストリーミング再生回数を稼いだ。

そして、こうした海外のヒット曲が日本においても年間チャートで上位になったことは、国内の音楽シーンの様相が変わりつつあることの象徴でもあった。

前述したように、平成という時代は海外のポップカルチャーに興味を持つ層が少しずつ減っていった時代でもある。特に10年代はアイドルグループの売上が牽引するＣＤ中心の市場が長らく維持され、多くの大物アーティストがストリーミング配信に音源を解禁しなかったことも含め、国内の音楽市場の「ガラパゴス化」が進んでいた。

しかし、日本でもストリーミングサービスが徐々に普及するに連れ、状況は少しずつ変わろうとしていた。こうしたサービスを日常的に使っているリスナーには、新着プレイリストから国内／海外という隔たりにとらわれず楽曲を聴く習慣が自然と根付く。「シェイプ・オブ・ユー」のヒットは、こうしたタイプのリスナーが増え、海外と日本のヒットチャートが地続きになったことの象徴でもあった。

そして、星野源（と後述する米津玄師）は、こうした状況に最も自覚的なアーティストだった。

北米を中心に大きなうねりを持って変わりつつある海外のポップミュージックとの同時代性を意識しつつ、日本のポップスの文法をどう更新していくか。そのことに最も意欲的に挑戦し、結果としてヒットチャートの頂点に立ったのが両者だった。

イエロー・ミュージックの矜持

ブラックミュージックっ「ぽい」ものを作る意味は、俺にはないなぁって凄く思う。そうじゃなくて、ブラックフィーリングみたいなものをJ－POPに持っていく、そのさじ加減は、俺にしかできないんだ！っていう、それをやろうと決めて挑戦したんです。「俺は日本人で、これは俺の音楽だ！」っていう、そういうアルバムになると思う。（『MUSICA』2015年11月号）

2015年12月にリリースされたアルバム『YELLOW DANCER』の完成間近に行われたインタビューにて、星野はこう語っている。アルバムには、ファンクやソウルやディスコといったブラックミュージックのテイストを基軸に持つ楽曲が並んでいた。その背景には、ダフト・パンクの名盤『ランダム・アクセス・メモリーズ』（2013年）や、マーク・ロンソンとブルーノ・マーズの「アップタウン・ファンク」（2014年）のヒットをきっかけに世界的に広まったブラックミュージックのリバイバル・ムーブメントがあった。

こうした海外のトレンドを意識しつつ、あくまでJ－POPであることにこだわり、日本語の歌として作られたのが『YELLOW DANCER』だった。

そこには服部良一や筒美京平といった昭和の時代を代表する作曲家や、自身も敬愛する細野晴臣など、数々の先達のアーティストたちがアメリカの同時代のポップミュージックのトレンドを咀嚼して日本語のポップスを作り出してきた歴史へのリスペクトもあった。アルバムを通して彼が提唱した「イエロー・ミュージック」という言葉にはそういう意図が込められていた。

そして、「恋」は、そのアルバムが広く受け入れられた先の挑戦として作られた。曲のベースにあるのは60年代のモータウン・サウンド。それを早回ししたかのような速いテンポで演奏し、歌い、踊ることで、独特の躍動感とスピード感を生み出す。そういう発明に満ちた一曲だ。

曲のテーマも革新的だった。

同性婚の合法化が各国で進むなど、10年代は欧米を中心にセクシュアル・マイノリティと社会の関わりが大きく変化した時代である。そして、前述したレディー・ガガ「ボーン・ディス・ウェイ」がLGBTQの権利運動におけるアンセムとなっていったことが示すように、海外のポップミュージックの動きはその変化のダイナミズムと密接に関連していた。性の多様性を認め、ジェンダーとセクシャリティの自由を称揚するようになった社会の変化と歩みを共にしていた。

そうしたグローバルな趨勢に対しても「ガラパゴス化」が進んでいたこの時期の日本の音楽シーンの中で、「恋」は、愛や人生の多様性というテーマに真っ直ぐに向き合った数少ないヒット曲の一つだった。

そもそも『逃げるは恥だが役に立つ』というドラマがそういう主題を持った物語なのだが、星野はその〝主題歌〟としての要請にしっかりと応えて「恋」を作り上げた。曲に込めたメッセージについて、彼はこう語っている。


　今の時代は、カップルや恋にもいろんな形がある時代じゃないですか。必ずしも男女じゃないし。そういう時代に、全員の「恋をする」っていう気持ちに当てはまるものにしたいなっていうことを一番強く意識したんです。（『MUSICA』２０１６年10月号）

様々な意味で、「恋」という曲は、時代のターニングポイントを象徴する一曲になったのである。

植木等と星野源

そして、平成という時代における星野源の存在を語る上で、とても重要なポイントがある。

それは、彼が最も敬愛するスターの一人が、植木等であるということだ。

自分の活動の原点には、いつも植木さんのあの笑顔と歌声、そして真面目さがあります。

2017年に開催された「植木等と昭和の時代」展に、星野源は「真面目と無責任」と題した文章を寄せ、こう綴っている。

小学生のときに観たドラマ『オヨビでない奴!』（1987〜88年、TBS系）をきっかけに植木等の存在を知り、ジャズを趣味で聴いていた両親の影響でクレージーキャッツにも魅力を感じるようになっていったこと。植木等のことを調べるうちに、実は物静かで内気な、真面目な性格だと知ったということ。その存在に「たとえ物静かであっても面白いこと、フザけたことをやっていいんだ」と言われているようで、いつも背中を支えられる気持ちになっているということ。そう植木等への思いを綴っている。

高校を卒業しインストバンドSAKEROCKのメンバーとして音楽活動を始めた星野が最初に歌ったのも、植木等の歌だった。

25歳の時に「スーダラ節」をライブでカバーしました。それまでほとんど人前で歌ったことのなかった自分でしたが、弾き語りをしないかと誘われ、ステージに立つことになりました。せっかくクレージーへのリスペクトを込めるなら、そのまま歌うのではなく、自分なりにアレンジしないといけない、とバラードとしてカバーしました。すると、目の前のお客さんがポロポロと泣き出したのです。(「植木等と昭和の時代」)

その5年後、30歳となった２０１０年に星野は細野晴臣に誘われシンガーソングライターとしての活動を始め、俳優業と並行した活動で徐々に人気を拡大していく。

しかし、２０１２年12月16日、星野はくも膜下出血により救急搬送され活動を休止する。生死の淵をさまよう手術を経て２０１３年２月に復帰を果たすも、その年の夏に予後が万全でないことが判明し、再手術のため二度目の活動休止を余儀なくされる。その後、2014年6月に復帰第一弾として発表された「Crazy Crazy」が、タイトルの通りクレージーキャッツにオマージュを捧げた一曲だ。

星野は手術後、死んだほうがましなのではないかと思うほどの苦痛に苛まれたという。その時に悟ったことを、著書『蘇える変態』（マガジンハウス）の中でこう書いている。

死ぬことよりも、生きようとすることの方が圧倒的に苦しいんだ。生きるということ自体が、苦痛と苦悩にまみれたけもの道を、強制的に歩く行為なのだ。だから死は、一生懸命に生きた人に与えられるご褒美なんじゃないか。

闘病生活の中で書き下ろされた「Crazy Crazy」は、「お早う始めよう　一秒前は死んだ　無常の世界で　やりたいことは何だ」という歌い出しで始まる。「等しいものは　遥か上さ」（植木等）、「谷を渡れ　欲望を越えろ」（谷啓）などクレージーキャッツのメンバーの名前を織り込んだ歌詞は、「Crazy　狂って　どうかしてると笑えば　あのただ優しい　歌声はまだ続く」という一節で終わる。

そして、星野源はこの活動休止を歴て、俳優として、シンガーソングライターとして本格的にブレイクを果たし、国民的スターへと上り詰めていく。

こうして足跡を辿っていくとハッキリとわかる。

星野源こそが、昭和という時代が放っていた〝多幸感〟の象徴としての植木等の存在を、平成という時代の終わりに真っ向から受け継いだポップスターだった。そして、そのキャリアのターニングポイントには、生きることそのものの苦しみの中で摑んだ、無常の世界を歩むことへの確信があった。

30. 平成最後の金字塔
――2018（平成30）年／2019（平成31）年の「Lemon」（米津玄師）

死と悲しみを見つめて

「じいちゃんが〝連れて行ってくれた〟ような感覚があるんです」

米津玄師は「Lemon」を作ったときのことについて、筆者の取材に応えてこう語っている。（『音楽ナタリー』2018年3月13日公開）

夢ならばどれほどよかったでしょう
未だにあなたのことを夢にみる

こんな歌い出しから始まる「Lemon」は、大切な人を失った悲しみや喪失感を痛切に歌い上げる一曲だ。

最初のきっかけはドラマ主題歌のオファーだった。

『逃げるは恥だが役に立つ』のヒットで名を上げた脚本家・野木亜紀子が手掛けるドラマ『アンナチュラル』（TBS系）の主題歌として書き下ろされたこの曲。法医解剖医を主人公に「不自然な死（＝アンナチュラル・デス）」を遂げた遺体の謎を究明していくストーリーには、家族や愛する人の予期せぬ死や理不尽な死に直面し、遺された人々がたびたび登場する。

「傷付いた人を優しく包み込むようなものにしてほしい」。ドラマ制作側からはそんなオーダーがあった。当初はその依頼に忠実に作り始めた。米津にとっても死は自身の表現において重要なテーマの一つで、物語の内容とリンクするものも感じたという。その楽曲制作の途中、２０１７年12月に、米津の祖父が他界する。

最初はドラマと自分の中間にあるもの、そこにある一番美しいものを目指して作り始めたんです。でも、そうやって自分の目の前に死が現れたとき、果たしてそれは一体どういうことなんだろうって思って。今までの自分の中での死の捉え方がゼロになった。それゆえに、また1から構築していかなければならなくなった。気が付いたらものすごく個人的な曲になったような気がします。（同前）

ドラマの放送開始は2018年1月だ。米津は2017年11月に4thアルバム『BOOTLEG』をリリースしたばかりである。DAOKO×米津玄師名義の「打上花火」、菅田将暉をゲストボーカルに迎えた「灰色と青」など人気曲を多数収録した『BOOTLEG』は初週売上16万枚を記録しオリコン週間アルバムランキングで初登場1位と、ブレイクの渦中にあった。11月から12月にかけてはアルバムを引っさげた全国ツアーも開催されていた。

前述の取材で、米津は楽曲制作について「ひたすら深海まで潜っていって、その一番下のほうにあるものを取って戻ってくるような作業」と語っている。

ツアー中に曲を作る経験は初めてだった。無理矢理にでも心のスイッチを切り替えざるを得ない多忙な日々の中、まさしく肉親の死を目の前にした人の立場で曲を作ることになった。「傷付いた人を優しく包み込む」というよりも、ただひたすら「あなたの死が悲しい」ということを歌う曲になったと彼は語っている。

そんな状況で作られた歌が、結果的に、歴史的なヒットとなる。

ヒットの復権

この曲は前人未到の記録の数々を打ち立てた。

2018年2月12日に先行配信、3月14日にシングルCDとして発売された「Lemon」は、初週に出荷30万枚を突破し、デジタルダウンロード数75・2万とあわせてミリオンセールスを達成する。

ビルボードジャパン総合ソングチャート「HOT 100」では、この曲は2位のDA PUMP「U.S.A.」、3位の欅坂46「ガラスを割れ！」を大きく上回るポイント数で2018年の年間総合1位となった。

この年に発表が始まったオリコンの年間デジタルシングル（単曲）ランキングでも、レコチョクなど各種配信サイトのダウンロードランキングでも、DAMやJOYSOUNDの発表するカラオケランキングでも、TSUTAYAの発表したレンタルCDランキングでも1位となる。まさしくこの年を代表する一曲になった。

そして2018年の大晦日、平成最後の紅白歌合戦に、米津は故郷・徳島からの生中継で出場する。

テレビでの歌唱はこれが初めてだった。大塚国際美術館システィーナホールの荘厳な空間で歌い上げたこの出演をきっかけにさらに幅広い層に支持が広がり、年を越えて2019年もこの曲は異例のロングヒットを続ける。

ビルボードジャパン「HOT 100」では、この曲は2019年の年間チャートで史上初の2年連続総合1位。前述の各種ランキングでも2年連続1位と、主要年間チャートを席巻した。YouTubeに公開されたミュージックビデオの再生回数も数億回を超えた。

日本レコード協会の発表による2018年の音楽市場規模（音楽ソフトと音楽配信の売上高の合算）は前年比5パーセント増の約3048億円。3年ぶりのプラス成長となったが、5年前、10年前に比べて、全体の売上高が復活したわけではない。

それでも、音楽消費の細分化が進みヒットチャートから「本当のヒット曲」が見えづらくなっていた00年代後半や10年代前半と比べると、幅広い年代に支持された「Lemon」で米津が成し遂げたのは「ヒットの復権」だったとも言える。

インターネットの遊び場から時代の真ん中へ

「Lemon」のヒットは、インターネットが育んだ平成生まれの才能が国民的なポップスターとなったという世代交代の象徴でもあった。

米津は1991年、徳島県生まれ。幼少期の将来の夢は漫画家だった。音楽との出会いは小学校高学年の頃。00年代初頭にインターネット上で流行していたFLASHアニメをきっかけにBUMP OF CHICKENを知り、スピッツやASIAN KUNG-FU GENERATIONやRADWIMPSなど沢山のロックバンドに憧れた。中学に入学するとギターを手にし、友人を誘ってバンドを結成した。高校を卒業し専門学校に入学してからも曲を作り続けていたが、バンドはなかなか上手くいかない。

そんな最中に出合ったのが初音ミクだった。

2009年、彼は「ハチ」と名乗り、ボカロPとして初音ミクを使ったオリジナル楽曲をニコニコ動画に投稿する。「結ンデ開イテ羅刹ト骸」という曲をきっかけに注目を集め、続く「マトリョシカ」や「パンダヒーロー」などの人気曲を経て、その名は当時のボーカロイドシーンに一気に知れ渡った。無名のクリエイターが創作の輪を広げていた00年代後半のニコニコ動画やボーカロイドシーンを、米津は自分の〝故郷〟だと語っている。

そこは新しく生まれた遊び場で、別に将来のことも考えず、みんなでただひたすら無邪気にやってるだけの空間だった。混沌としていて、刺激的で、すごく魅力的だったんですね。そこで得たものは計り知れないし、実際に自分の音楽のキャリアはそこで始まっている。稀有な土壌だったと思います。（『Yahoo!ニュース特集』インタビュー、2017年10月30日公開）

ただ、彼はその場所にはとどまらなかった。

2012年にはアルバム『diorama』をリリースし、本名の「米津玄師」名義でシンガーソングライターとしての活動を開始。2013年にはシングル『サンタマリア』でメジャーデビュー。2014年には初めてライブを行う。少しずつステップを踏みながら、彼はJ-POPのメインストリームへと歩みを進め、キャリアを重ねていった。

ポップソングを作るということは、その頃から目指していたことだった。アルバム『YANKEE』（2014年）リリース時の取材にて彼はこう語っている。

コンビニで買い物をするときのように、自分が好きなものしか手に取らないし、なんとなく耳に入ってきた話題のものしか手に取らない人。そういう人にも届いていくような力を持ったものがポップスだと思います。で、自分としてもそういうものを作りたいと思うんです。(『音楽ナタリー』2014年4月23日公開)

なぜ彼はその道を進もうと思ったのか。

アルバム『Bremen』(2015年)リリース時のインタビューで米津は「昔から、自分のことを怪獣だと思っていた」と語っている(cakes「米津玄師、心論。」2015年12月30日公開)。幼稚園のときに唇に大きな怪我を負ったときの、周囲から異物を見るような視線を浴びた記憶が強く残っているという。少年時代も、決して〝みんな〟の中に馴染めるようなタイプではなかった。むしろ疎外感と鬱屈を抱え、自分にとってのヒーローのようなバンドに救われるような思いを抱えながら育ってきた。

今度はそんな存在に自分がなりたい。そんな思いもあった。何より普遍的な音楽を作りたいという強い意思があった。

「たとえば、誰が作ったかもわからないような童謡が今も残ってるわけじゃないですか。(中略)いろんな人のところに届いて『これは私のことを歌ってる』とたくさんの人が共感して口ずさめるようなものじゃないと、そういう風には残っていかないと思う。自分もそういう強度のあるものを作りたいと思うんですね」(cakes「米津玄師、心論。」2015年12月28日公開)

「時代という大きな流れがあるならば、そういうものを体現したいと思うことはありますね。仮にその流れを決めているのが神様だとしたら、俺はひたすら神様に選ばれたいと思う」(同前、2015年12月30日公開)

「Lemon」という曲は、そうやって普遍性を目指し探求の旅を歩んできた米津にとっての、ひとつの到達点でもあった。

300万の〝ひとり〟

2019年4月30日、天皇が退位し平成という時代が終わりを告げる。

この月、「Lemon」はCD売上枚数とデジタルダウンロード数をあわせて300万セールスを突破した。本書で取り上げてきたサザンオールスターズ「TSUNAMI」、SMAP「世界に一つだけの花」に次ぐ3曲目。名実ともに「国民的ヒット曲」としての数字だ。

死を直接的にモチーフにした曲がここまで巨大なヒットになることは多くない。しかし、大切な人との死別は、誰しもが人生の中で必ず向き合わざるを得ない経験だ。曲は「今でもあなたはわたしの光」という一節で終わる。「胸に残り離れない　苦いレモンの匂い」「切り分けた果実の片方の様に」という歌詞にあるように、曲名でもあるレモンは歌に登場する〝あなた〟と〝わたし〟の深い結び付きを象徴するモチーフだ。

プラトンの対話篇『饗宴』には、人間はかつて球体だったという説が登場する。自分とぴったり合う半身を探し、一つになることを願う思いが愛の起源であると論じられている。そのことを踏まえて考えると、引き裂かれるような悲しみを表現するモチーフにレモンという果実が選ばれたのは一つの必然だったとも言えるだろう。

そして最も重要なポイントは、これだけ大きなヒットになった「Lemon」という曲が、〝みんな〟の歌にはならなかったということだろう。300万という数字は、社会現象やブームの勢いに押されたわけではなく、歌が描いた悲しみがそれぞれ〝ひとり〟の胸の内に深く刺さることで成し遂げられたものだ。

平成最後の金字塔は、そういうタイプの曲であったのだ。

おわりに

本書の執筆に着手したのは２０１８年の春のこと。平成の30年間、それぞれの年を代表するヒット曲を選び、それを関連させながら読み解いていくことで、一つの時代精神に迫ることができるのではないか――。思いつき自体は単純なものだったが、実際に書き始めてみると予想以上に難航して、結果的に多くの時間を要してしまった。

正直なことを言うと、書き始めた当初は平成から令和へと年号が変わったタイミングでの刊行を目指していた。そのほうが時流に乗ることができるだろうなんて欲目もあった。でも、振り返ると、あの時点で『平成のヒット曲』を一冊にまとめることができたとしても、その着地点は、もっとぼんやりとしたものになっていたのではないかと思う。少なくとも、２０１９年４月の段階では、変化の区切り目はまだ見えていなかった。

２０２１年になって明らかになってきたことは、二つある。

一つは、音楽産業の構造の変革がいよいよ進んだということ。ヒット曲の生まれる場所はＣＤからストリーミングサービスへと完全に移行した。ヒットの基準も変わった。

ＣＤの時代は「１００万枚」という売上の数字が一つの尺度になっていたが、それに代わって「1億回」という再生回数の数字が一つの目安になった。

そうした変化の象徴となった一曲が、Official 髭男 dism の「Pretender」だ。２０１9年5月15日に発売（同年4月17日に先行配信）されたこの曲で、バンドは一躍ブレイクを果たす。ビルボードジャパン年間総合チャートでは２０１9年3位、２０２０年2位。ＣＤの売上枚数ではなく、半年で1億回を突破したストリーミング再生回数がヒットの指標になった。２０２1年5月にはこの曲の累計再生回数が5億回を突破。元号が変わった直後に発売されたことを踏まえても、「Pretender」はまさに令和最初のヒット曲と言っていいだろう。

そしてもう一つは、やはり、新型コロナウイルスのパンデミックが時代のターニングポイントになったということ。長引くコロナ禍によって、社会も、音楽も、まるっきり様相が変わってしまった。２０２０年のライブ市場は前年比8割減。フェス市場は前年比98パーセント減。単なる売上や動員数の減少だけでなく、感染対策のために集まることや声を出すことの制限が続き、ライブやイベントを軸にしたカルチャーの潮流自体が大きな打撃を受けた。外出自粛が呼びかけられ、国境を越えた往来も極端に減った状況が続いたことで、多くの人たちが閉塞感を抱える日々を過ごした。

一方で、オンラインでのコミュニケーション様式は一気に普及した。コロナ禍を受けてリモートワークを始めた人も、授業がオンラインになったという人も多いはずだ。配信ライブも増えた。画面越しの対話や会議が当たり前になり、そのことで逆に「対面で会う」ということの特別感も増した。「ニューノーマル」という言葉も喧伝された。

2020年のビルボードジャパン年間総合1位となったYOASOBIのデビュー曲「夜に駆ける」は、そうした「新しい生活様式」を象徴するヒット曲だ。YOASOBIは、ソニー・ミュージックエンタテインメントが運営する小説・イラスト投稿サイト「monogatary.com」を母体に「小説を音楽にするユニット」として結成された2人組。ネットカルチャーを出自に持つユニットは、まったく無名の状態からYouTubeをきっかけにブレイクを果たし、デビューからわずか1年で紅白歌合戦出場を実現させる。2021年2月に開催した初の配信ライブのチケットは約4万人が購入し、同年12月には初の有観客ライブを日本武道館で開催予定。前例のない成功の足跡を歩んでいる。

ともあれ、たった3年弱で、平成という時代は遠い過去になってしまった。

改めて振り返った今、ひょっとしたら我々が過ごしてきたのは、ある種の「幸福な時代」だったのではないだろうかという思いがある。もちろん、そう考えない人も多いだろう。バブル崩壊後の経済停滞は長く続いた。二度の震災もあった。本書の中でも「失われた」という言葉は頻出している。

それでも、ポピュラー音楽、大衆文化について考える時には、「平成」という言葉は（たとえば「大正」と同じように）、ある種の豊かさのイメージと共に振り返られるようになっていくのではないかという予感がある。

ここで言う「豊かさ」というのは、選択肢の多さのことでもある。

そのことを、執筆中にも痛感していた。

1年に1曲というルールを最初に決めると、当然、取り上げることのできない曲が山のように出てくる。

掘り下げるべき「平成のヒット曲」は、他にも沢山ある。GLAYも、B'zも、スピッツも、L'Arc～en～Cielも、BUMP OF CHICKENも、ポルノグラフィティも、モーニング娘。も、ゆずも、浜崎あゆみも、椎名林檎も、福山雅治も——。語られるべきアーティストだって、挙げていけば枚挙にいとまがない。

本書を読み終えた方の中には、きっと「〇〇がない」や「〇〇について書かれるべき」という感想を抱いた人もいるのではないかと思う。もしそうであるならば、それを不満で終わらせず、是非、自らの考察に深めてブログなどで発信したり、コミュニケーションのきっかけの一つにしてほしいと願う。筆者自身の体験としても、執筆自体よりも「自分ならこの年にこの曲を選ぶ」ということを考えたり、友人諸氏と語り合ったりすることのほうが楽しかった実感がある。

新潮社の金寿煥さんには、的確な助言と共に最後まで伴走していただきました。企画と構想においては森坂瞬さんにとてもお世話になりました。両者の尽力がなければ本は形にならなかったと思います。ありがとうございました。小室哲哉さん、小林武史さん、小沢健二さん、森山直太朗さん、水野良樹さん、米津玄師さんなど、自分自身が取材させていただいたアーティストの方々の言葉も大きな道標になりました。スタッフの方にも感謝しています。そして、雑誌やウェブメディアに掲載された沢山のインタビュー記事からの引用も本書の論考の背骨になっています。それらを手掛けた書き手の方々にも敬意を示したいと思います。そして最後に、いつも支えてくれる妻にも大きな感謝を。

２０２１年10月10日　柴那典

柴那典　1976（昭和51）年神奈川県生まれ。音楽ジャーナリスト。著書に『初音ミクはなぜ世界を変えたのか？』『ヒットの崩壊』、共著に『渋谷音楽図鑑』がある。
Twitter：@shiba710

Ⓢ新潮新書

929

平成《へいせい》のヒット曲《きょく》

著　者　柴《しば》　那典《とものり》

2021年11月20日　発行

発行者　佐　藤　隆　信

発行所　株式会社 新潮社

〒162-8711　東京都新宿区矢来町71番地
編集部(03)3266-5430　読者係(03)3266-5111
https://www.shinchosha.co.jp
装幀　新潮社装幀室

印刷所　錦明印刷株式会社

製本所　錦明印刷株式会社

ISBN978-4-10-610929-4　C0273

価格はカバーに表示してあります。